'학종' 돌파
8개+ 스토리

세종교육
SEDU

# '학종돌파' 8개+ 스토리

— 시즌2 : 연결과 새로운 합성

판 쇄 인쇄 | 2020년 6월 25일 인쇄
판 쇄 발행 | 2020년 6월 25일 발행

지은이 | 김재호
펴낸이 | (주)세종교육
편   집 | 김세준
디자인 | 김세준

펴낸곳 | (주)세종교육
등   록 | 제2005-000083호
주   소 | 서울 송파구 백제고분로 171 동화빌딩 3층
전   화 | 02-424-1232
팩   스 | 02-424-1254
이메일 | caucasus2013@naver.com

ISBN 979-11-967402-2-1

값 15,000원

이 도서의 국립중앙도서관 출판시도서목록(CIP)은 서지정보유통지원시스템 홈페이지
(http://seoji.nl.go.kr)와 국가자료공동목록시스템(http://www.nl.go.kr/kolisnet)에서
이용하실 수 있습니다. (CIP제어번호: CIP 2020026034)

Wow

'학종' 돌파
8개+스토리

이 책에서 다루고 있는 합격 사례는 다음과 같습니다. 이들은 모두 2020학년도에 '학종'으로 합격한 학생들입니다.

| 일반고 5명 / 외고 2명 / 과학고 2명 / 자사고 1명 |
| --- |

이렇게 배치를 한 이유는, 일반고, 외고, 과학고, 할 것 없이 '학종'으로 합격하는 학생들에게는 어떤 공통점이 있다는 것을 말하고 싶기 때문입니다. 이 점은 본문을 통해 자세히 이야기 할 것입니다.

이 책에 소개된 학생들의 공통점은 내신 성적이(아주) 낮다는 점입니다. (이전 책, 「학종돌파 8개 스토리 : 점들의 연결」에서 주로 성적이 좋은 학생들을 다루었기 때문에 이 책에서는 일부러 내신 성적이 안 좋은 학생들을 소개하게 되었습니다. '학종'은 사실 이런 학생들을 위해서 있는 것이기도 합니다.)

다만 일반고 한 학생의 경우만 내신 성적이 우수한 경우입니다. 살펴볼 필요가 많은 경우여서 수록하였습니다.

'내신 성적'은 학생들에게 자주 절대자적 역할을 합니다. 내신이 낮으면 학생들 자존감이 매우 낮아지고 입시에 대한 불안감도 커지게 됩니다. 그리고 대부분의 학생들이 포기나 좌절을 하게 됩니다. 놀랍게도 학생들 '스스로' 그런 상태가 됩니다.

학생이든 학부모님이든 성적이 '안 좋은 것은 모든 면에서 열등한 것'이라는 생각을 갖는 것을 보면 우리사회는 아직도 매우 강고한 성적 중심의 사회인 것이 틀림없을 것입니다.

'합격자소서 이렇게 쓴다', '학종돌파 8개 스토리 : 점들의 연결'에서 언급한 것처럼 강고한 성적중심의 사회가 조금씩 변하고 있습니다. 4차 산업혁명처럼 급격하게 변하는 생산 혁명과 사회 구조도 그렇고 이를 반영한 대학입시의 변화도 한 역할을 하고 있습니다.

이 책에서는 대학에서 성적보다 우선적으로 평가한 것이 무엇인지, 그런 것을 어떻게 제대로 보여주었는지를 설명할 것입니다. 그리고 그런 것이 '어떤 점에서' 성적보다 훨씬 더 강력한 평가요소가 되는지 설명하겠습니다.

이 책에 소개된 학생들은 내신의 불리함, 심리적 불안과 좌절을 극복하고 모두 어엿한 상위권 대학이나, in서울 대학에 합격한 학생들입니다. 결과를 접하고 학생들 스스로도 매우 놀랐습니다.

그리고 이 과정을 통해 이들은 자신들의 강점에 대해 새롭게 인식하게 되었습니다. 즉,

1. 성적은 안 좋아도 쓸모 있는 지식이 많다.(혹은 그런 지식을 쌓을 수 있다.)
2. 이러한 지식을 창의적으로 활용할 줄 안다.(아니면 활용하려고 노력한다.)
3. 이러한 점이 서류와 면접에 잘 반영되어 있다.

는 점입니다.

이 책의 사례를 보며 '과학고니까', 혹은 '외고니까', 아니면 '일반고이지만 특별한 학교생활이 있었기 때문에'라는 말은 하지 말기 바랍니다.

이 학생들은 모두 자신의 학교에서 상대평가를 통해 낮은 성적을 받은 학생들입니다. 그리고 이 학생들이 다닌 고등학교는(외고든, 과학고든, 자사고든), 이 학생들이 가진 성적으로 중상위권 대학, 원하는 학과에 합격한 사례가 거의 없기 때문입니다.

즉, 각자의 위치에서 가장 어려운 조건을 극복하고 '뒤집기'에 성공했다는 말이지요. 어려움은 상대적인 것이지만 개개인 각자에게는 공평하게 어려운, 균형적인 것입니다.

이 책을 따라가다 보면 합격한 이 학생들이 가지고 있는 강점을 잘 알게 될 것입니다. '혁신적 사고', '끈기', '우직한 뚝심', '창의적 발상', '도전 정신', '자신에 대한 신념' 등입니다. 이 책에서 아무쪼록 이런 내용을 찾아볼 수 있다면 좋겠습니다. 자신감과 용기를 얻게 된다면 더 좋겠습니다.

입시를 준비하는 학생들 모두에게 작은 보탬이 되기를 바라면서 일론 머스크 '미래의 설계자'에서 한구절을 보냅니다.


"우리 자신의 그릇은 우리가 알고 있는 것보다 훨씬 더 크다. 그저 시도하라(Just Try)!"


- 저자 김재호

kimjh21@hanmail.net

# 차례

story 1

# 비합리적 선택

카이스트(1차) / 고려대(1차) / 성균관대 / 한양대 외 합격

# 비합리적 선택

카이스트(1차) / 고려대(1차) / 성균관대 / 한양대 외 합격

"

오래전 세계적 명성을 떨친 여배우 잉그리드 버그만이 주연한 영화 중에 '가스등(Gaslight)'이 있다.

부유한 상속녀 폴라(잉그리드 버그만)에 접근하여 결혼한 그레고리(찰스 보이어)가 그녀의 재산과 보석을 가로채기 위해 그녀를 정신이상자로 몰아가는 스토리인데, 폴라에게 그릇된 인식을 주입하여, 그녀 스스로 물건을 잃어버렸다고 느끼거나, 남편 시계를 훔치고도 기억하지 못한다고 여기도록 만든다. 그녀는 스스로 자신을 믿지 못하는, 자기효능감 상실 상태에 이른다.

영화는 결국 그런 일들을 바로잡고 해피엔딩으로 끝나지만 영화를 통해, 한 사람이 가지는 의식세계는 주변 환경에 따라 왜곡될 수 있다는 사실을 말하고 있다.

교묘하게 상황을 조작하여 어느 한 개인이 스스로에 대한 의심을 불러일으켜 이성적 판단과 현실감각을 잃게 하는 것을 가스라이팅 효과(Gaslight Effect)라고 하는데 이 영화로부터 유래된 용어이다. '심리지배'를 뜻하는 말로도 사용 된다.

"

서울 인근 지방 일반고에 다니는 '다인'이는 그 학교에서 매우 우수한 학생이다. 물론 여기에서 우수하다고 하는 것은 일차적으로 성적이고 이는 점수나 등급 등의 '수치'를 말한다. 그 학교 학생들의 학력이 높은 편은 아니고 매년 보잘것없는 '입결'을 가진 학교였지만 그래도 최상위권 학생이니 그 성적만으로도 우수하다는 평을 들을 만하다.

상담을 하면서, 나는 '다인'이가 다른 여느 일반고의 최상위권 학생에 비해서 그리 뒤지지 않을 정도의 지식과 사고력을 가지고 있다고 느꼈다. 공부의 내력이나 열의에서 다소 부족한 점이 없지는 않았지만 그런 것은 누구나 가지고 있는 부족함인데다가 시간은 2학년을 지나고 있었으니 얼마든지 보완할 수 있을 것이었다. 그러니까 학교의 우열을 떠나, '보편적 우수학생'이라고 볼 수 있는 것이다.

그런데 상담을 하면서 나는 매번 이상한 벽 같은 것을 느끼곤 했다. 그 '벽'은 다인이가 나를 상대로 쌓은 벽이 아니고, 다인이와 내가 가지는 '거리감' 같은 것도 아니었다.

다인이 내부에 쌓인 '이상한 한계의 벽' 같은 것이었다.

평균 1.3~1.4 등급대 학생임에도 자신이 스스로 '부족한 학생'이라는 이상한 열등감을 가지고 있었다. 물론 겸손 같은 것은 아니다. 오히려 체념에 가까운 정서라고 하는 것이 옳을 것이다.

"훌륭한 성적이다. 공부 열심히 했구나."

"………."

칭찬에 기뻐하기는 했지만 뭔가 좀 어색한 기색이 역력했다.

"이 정도면 서울대나, 최소 연고대 지원할만 하겠다."

이 같은 말은, 물론 성적만을 기준으로 말한 것이다. 그리고 그 정도의 성적이면 그 대학들에 합격할 확률이 상당히 높다. 어차피 '학종' 중심이니 준비는 그때부터(2학년) 해도 충분할 것이다.

"설마요?"

겸손 떠는 말인 줄 알았는데 말투가 어쩐지 속이 빈 것처럼 공허했다.

후에 다시 상담을 했을 때, 다인이는 자신의 희망대학을 '경희대'라 했다. 사뭇 진지한 표정이어서 농담으로 들을 수가 없었다. 비슷한 레벨이라고 느꼈는지 중앙대도 희망했다.

나중에 알게 되었지만 그 대학들을 지목하면서 다인이는 정말 '희망' 대학을 말한 것이었다. 꼭 붙었으면 좋겠다는 대학, 그렇지만 붙을 자신이 없는 대학이다.

2학년 초에 과기원(유니스트) 캠프를 다녀온 적이 있었는데 그 경험 때문에 해당 과기원에 가면 좋겠다는 말도 했지만 그 말에도 어쩐지 '어차피 오르지 못할 나무'라는 체념적 분위기가 물씬 묻어있었다.

다인이가 왜 저렇게 자신을 '과소평가' 하는지 나는 매우 궁금했다.

얘기를 들어보니 다인이가 다니고 있는 학교는 40여년 된 오랜 역사를 가진 학교(물론 큰 학교는 아니다)인데 그 학교에서 이제까지 경희대, 중앙대 정도 대학에 합격한 사례가 전혀 없다고 한다.

이것이 정말인가, 의심스러울 정도였다. 정말 없었거나, 기억하지 못할 정도로 드문 일이었을테니, 전통적으로 진학성과가 좋지 않았던 것은 틀림이 없어 보인다.

이 지점에서 나는 다인이의 희망대학이 왜 그렇게 '겸손'한지, 체념적 분위기가 왜 생기게 되었는지 다소 이해할 수 있었다.

그런 것들은 이해했지만 왜 다인이가, 말도 안 되는 이런 전통을 자신의 것으로 받아들여야 하는지는 그때나 지금이나 이해할 수가 없다.

진학 전통이 좋지 않은, 이러한 고등학교는 어느 곳에나 상당수 존재한다. 서울, 대도시에 있거나 지방에 있거나 마찬가지이다.

서울대(3,100여명), 연고대(연세대 3,400여명, 고려대 3,800여명) 등 소위 명문대의 입학인원은 제한되어 있다. 해마다 발표되는 소위 명문대 합격자 배출학교 명단에 이름을 올리는 고등학교는 대부분 그 학교, 그 학교 범주를 떠나지 않는다. (그 명단으로 고등학교 순위를 매기고 있는 것이 또한 우리나라 교육의 현실이다.)

2017년 우리나라 고등학교는 총 2,360여개교이고 이중 1,556개가 일반고, 특성화고 491개, 특목고 155, 자율고 158개가 있다. 서울대의 2018년 등록 학생수는 수시 약 2,400명, 정시 약 700명이다.

서울예고나 서울과고, 외대부고, 하나고, 대원외고 처럼 한해 약 50~70명 정도가 서울대에 합격하는 학교가 있고 그 아래로도 30~40명 단위로 합격하는 학교가 즐비하다. 다른 일반고에서 서울대 합격 상위 100개교에 든다는 것이 현실적으로 불가능한 상황이라는 것은 수치로도 쉽게 짐작할 수 있다.

특히 지방 고등학교는 심각한 수준이다. 수십년 간 서울대 합격자가 없는 고교가 있고, 아예 개교 이래 한 번도 없는 학교도 상당수다. 서울 중위권 대학에 한 번도 합격한 적이 없는, 다인이의 학교 같은 경우도 적지 않다.

전북, 전주권에 속한 군단위의 한 일반고 역시 30여년이 넘는 기간 동안 연고대는 물론이고 경희, 중앙대에 합격한 사례가 전혀 없는 학교였다. 서울대 합격은 30년 동안 딱 한 차례 있었는데 '재현되지 않을 전설' 정도로 치부되었다. 서울대 진학 사례가 없는 이러한 학교는 전북, 전남, 충북, 충남, 경북, 경남, 강원을 가리지 않고 매우 많다. 어쩌다 한 번 서울대, 연고대에 합격하면 마을과 학교에 큰 '플래카드'가 붙는 이유이기도 하다.

그런 학교에는 공통적으로 '거긴 불가능해'라는 아주 오래된, 맹목적 믿음이 신앙처럼 자리 잡고 있다. 해당 학교의 이러한 이상한 전통은 누가 보더라도 뚜렷한 무슨 근거가 있거나 합리적인 판단은 아니다. 그저 '이제까지 그래왔으니까', 하는 것의 관성적 수용일 뿐이다.

그러나 생각해보라. '어제 못했으니 오늘 못할 것이고 오늘 못했으니 내일 못할 것이고 이것이 무한 반복될 것이니 영원히 이룰 수 없다'는 논리가 어떻게 합리적 생각이 될 수 있을까.

꼴찌는 영원히 꼴찌라는 말인데, 전후 세계 꼴찌국가인 우리나라의 예를 보기만 해도 타당한 말이 아니라는 것을 곧 알 수 있다. 페르시아, 로마도 망하고 비잔틴도 망했다. 스페인 무적함대는 영국에 패했고, 나폴레옹 불패의 군대는 러시아 미하일 쿠투조프 장군에게 패하고 영국과의 워털루전투 패전으로 침몰했다.

물론 전통이란 중요하다. 어느 한 고등학교의 대학 '입결'이 좋은 경우, 입소문을 타고 이 학교에 좋은 자원들이 입학하는 경우가 많아지고 이는 다시 좋은 '입결'을 만드는 선순환 구조를 이룰 수 있다. 전국의 많은 자사고, 특목고가 상대적으로 좋은 '입결'을 만들고 있는 배경이기도 하다.

하지만 '원래부터' 그런 경우는 없다.

세계에서 가장 빠른 사람 '우사인 볼트'의 100M 신기록은 9초 58이다.

그전까지의 최고 기록인 '아사파 파월'의 9초74의 기록을 깨고 세계 최고가 되었고, 2년 동안 자신의 기록만 세 번 경신했다.

아사파 파월은 모리스 그린의 기록(9초 79)를 경신했고, 모리스 그린은 도노반 베일리(9초 84)를, 도노반 베일리는 르로이 버렐(9초 85), 버렐은 칼 루이스(9초 86)를 경신하면서 기록을 새롭게 써왔다.

기록을 왜 있는가? 기록은 깨라고 있는 것이다.

'우린 안 돼. 할 수 없어.' 말도 안 되는 소리지만 어느 틈엔가 타부taboo화 된, 이런 실체 없는 맹신은 사람들에게 심리적 기제로 작동하며 거기에 부응하는 실제 행동을 유발한다. 영화 가스등이 연상되는 대목이기도 하다.

전설적인 러시아의 역도선수 바실리 알렉세예프는 인간의 한계라 여겨지는 500파운드(227kg)의 역기 들어올리기를 포기하고 499파운드의 무게를 성공적으로 들어올렸다. 스스로 500파운드의 역기는 불가능하다고 생각한 것이다. 그런데 기록 작성을 위해 그가 들어 올린 역기의 무게를 측정하니 501.5파운드였다. 사람심리가 가진 중요성을 잘 말해주는 사례이다.

사람은 어떠한 역할이 주어지거나, 암시되면 그 역할을 내면화하여 실행하려는 속성이 있다.

스탠퍼드 대학의 필립 잠바르도 교수가 시행한 '스탠퍼드 교도소 실험'은 그런 점에서 시사하는 바가 크다. 각각 교도관과 수감자로 역할을 나눈 임의의 피실험자들은 실험과정에서, 자신도 모르게 자신에게 부여된 역할모델과 자신을 동일시하고 주어진 역할을 수행한다.

하버드대학의 로젠탈 교수가 시행한 '로젠탈 실험'에서는 초등학생들의 지능지수를 테스트 한 후, 20명을 무작위로 선발하여 '지능이 높고 기억력이 좋은 아이'라는 거짓 설명과 함께 그 명단을 초등학교 교사들에게 전달했다. 교사들의 이러한 기대가 아이들에게 반영되었고 아이들의 성적은 다른 아이들의 평균보다 높은 점수를 유지했다. 이를 '로젠탈 효과'

라 부른다.

그 반대의 경우로 '낙인효과'를 뜻하는 '스티그마 효과'가 있다. '범죄자의 재범 확률이 초범자보다 높다'는 것이다.

스키너는 잘한 것에 대한 보상인 '긍정적 강화'가 잘못한 것에 대한 처벌인 '부정적 강화'보다 훨씬 바람직한 변화를 불러온다는 점을 피력했다. 안되거나 할 수 없다는 것보다 할 수 있다는 믿음과 방향을 제시하는 것이 중요하지 않을까.


여러 학교에서 많은 학생들을 만나면서 나는 이러한 내용을 기반으로 아이들의 가능성을 이야기 한다. 운이 따라주었는지, '어림없다'는 이런 생각과 관행은 많은 학교에서 하나하나 극복되었다.

개교 이래 처음으로, 또는 수십년 만에 서울대에 합격하는 학교가 있는가 하면, 불가능의 영역으로 여긴 서울대 의대에 합격하는 지방고도 적지 않게 나타났다. 전주권 학교에서는 2019학년도, 서울대 합격자를 배출하였고, 서울대 의대에 합격한 소규모 학교도 있었다. 충북의 한 학교에서는 약 38년만에 서울대 합격을 두 해 연거푸 이루어냈으며 경남의 아주 작은 학교에서는 한번에 3명이 연세대학교에 합격한 경우도 있다. 전남의 한 학교는 개교 이래 처음으로, 2명이나 한꺼번에 카이스트에 합격하는 결과도 있었다.

2020학년도에 서울대에 합격한 한 학생은 경상북도 오지 중에 오지인 청송군지역, 전교생 20여명의 폐교 직전 초미니 고교 출신이다. 거기에서 서울대 경영학과에 합격했다. 서울대, 연고대를 비롯한 서울권 15개 대학 합격 전무인 학교에서 새로운 전통을 세운 것이다. 그러니 '우리는 안 돼'라는 말은 정말 허구에 불과하다.

이런 것들이 가능한 것은 근거 없는 그 전통들을 부정했기 때문이다.

새로운 전통은 낡은 것을 깨면서 생기기 마련이다. '이제까지 못했으니' 하는 말은 학생들에게 한계를 설정하고, 미래를 속박하는 말이 아니다. '이제까지 못했으니 네가 해보라'는 말이 되어야 한다.

　다인이에게 가장 시급한 일은 그 사고의 틀을 깨는 것이다. 단순한 일이다. '내가 할 수 있겠구나' 하는 생각을 갖도록 하면 되는 일이니까.

　그리고 그 생각은 '다른 학생들의 도전과 성공 사례를 보여주는 것', 그리고 자신에게 있는 강점을 하나하나 꺼내서 보여주는 일이다. 그동안 축적된 자료가 많았으므로 이 또한 그리 어려운 일은 아니다.


　다인이는 여느 일반고의 최상위권 학생에 비해 뒤지지 않을 지식과 사고력을 가지고 있었으므로 똑똑한 학생이고 서울대를 목표로 하는 것이 하나도 이상할 것이 없는 학생이었다.(이제까지 그 주위에서 이렇게 보아준 사람들이 없었기 때문에 위축되어 있다는 점이 다인이가 가진 유일한 약점이었다.)

　물론 그간 내신 중심의 공부 때문에 수능준비가 덜 된 것은 어쩔 수 없는 일이었지만 아직 2학년이었고, 무엇보다 다인이가 가진 학습 능력을 볼 때, 서울대에서 요구하는 2등급 3개 정도는 무난히 통과할 수 있을 것이기 때문이다.


　그러나 그게 쉽지 않았다. 상담을 하는 동안과 그 후 얼마 동안은 '할 수 있다'는 의욕을 보이다가도 일정 시점이 지나면 태엽이 풀린 시계처럼 다시 멈춰서기를 반복했다.

　가능성을 보여주고자, 다인이보다 조금 더 낮은 내신등급으로 전년도에 서울대에 진학한 선배를 불러 모아, 자신의 경험을 이야기 해주는 자리도 마련했다. 어느 정도 마음이 움직였지만 그래도 어쩐지 흔쾌하게 받아들이지는 않았다.

사람은 늘 쉬운 쪽으로 기운다. 특히나 공부처럼 머리를 쓰는 일, 그리고 어려운 문제를 풀거나 복잡한 사고를 해야 하는 일에는 늘 '인지적 구두쇠'가 되는 것이 사람이 가진 뇌의 속성이다.

약간의 노력을 더함으로써 얻을 수 있는 결과물은 쏟은 노력의 몇 배, 또는 몇 십배나 될 것인데도 사람들은 가끔 그러한 합리적 선택을 외면한다.

## ● 내용성 있는 활동의 기록

수능학습에 있어서만은 유독 멈칫거렸지만, 다른 활동분야는 상당히 내용성 있게 진행되었다. 평소 하고자 하던 '환경공학', '에너지' 분야 등에 대한 지식과 활동은 흥미롭게 채워졌다. 누구와 견주어도 경쟁이 될 만한 내용이었다.

1. 진로희망(2학년 - 이하 같음)

진로희망: 에너지, 자원공학자

교내 환경활동, 자원 관련 체험, 특강 등을 통해 화석연료로 인한 환경오염문제가 심각하다는 점을 인식하고 이를 대체할 신에너지원으로 태양광에너지, 지열 에너지 등 친환경에너지 개발 분야에 관심을 가짐. '니코의 양자세계 어드벤처', '암흑물질과 암흑에너지' 등 물리학 도서와 '에너지 혁명' 등의 전문서적을 읽고 교사의 추천에 따라 '알기 쉬운 원자력이야기' 등의 강의를 수강함. 프랑스에서 현재 건설 중인 태양의 핵융합 반응을 이용한 '방사성 폐기물 없는 원전' 건설에 관심을 가지고 에너지자원 분야의 전문가로서 지속 가능한 에너지생산과 순환적 자원 활용을 이루겠다는 포부를 가짐.

## 2. 자율 활동 : 주요 내용(전문)

'자원선순환 지구사랑 환경 프로젝트' 견학활동에 참가하여 수도권 매립지 관리공사, OOO EM센터, 재활용 선별장, 음식물 폐기류 자원화시설을 방문하고 신천에 흙공 던지기를 실천함. 평소 자원 순환사회와 5R - 다시 생각(Rethink)', '쓰레기 줄이기(Reduce)', '다시 사용(Reuse)', '고쳐 쓰기(Repair)', '재활용(Recycle)' 운동에 대한 관심으로 지구 자원의 활용과 순환을 통한 지속가능한 발전을 모색하는 계기가 됨.

'자원순환이야기' 강연과 '플라스틱의 역습' 다큐영상을 통해 환경문제의 심각성을 깨닫고 자원순환의 중요성을 알게 됨. 환경 관련 학생 기획 수업인 '쓰레기 분리수거 실태와 해결방안', 'EM의 개념 및 활용', '쓰레기의 국내이동', '쓰레기의 해외이동' 수업을 경청하며 환경 문제의 심각성에 대해 공감함. 환경골든벨에 참가하여 친구들이 준비한 환경 문제를 맞히며 우수한 성적을 거둠. 환경부스체험에서 '커피가루 방향제 만들기' 주제로 부스를 운영하며 재활용 용기에 버려진 커피가루를 넣어 천연방향제를 만드는 활동을 진행함.

교육과정 연계 테마별 현장 탐방에서 '친환경적 상상력을 위한 에너지제로하우스 건축체험 프로그램'에 참여하여 에너지 사용량 최소화(passive)와 태양광이나 지열 등 신재생에너지 생산(active)을 통하여 생산에너지와 사용에너지의 합이 제로가 되는 개념을 알고 태양광 발전과 집열, 지역 발전, 효율적인 단열 구조 등에 대해 학습, 제로 에너지를 구현한 친환경 에너지 건축물 모형을 제작해봄. 특히 단열재의 종류에 따른 단열효율과 재생에 너지의 생산량을 대비해 구체적인 설계 모형을 작성하여 좋은 평가를 받음.

OOOO 캠프에 참가하여. 캠퍼스투어, 동아리체험(드론동아리, 축구동아 리, 태권도동아리 등), 학부 설명회(에너지 및 화학공학부에서 연료전지 만 들기 실험), 입학사정관과 함께하는 면접관 체험 등을 진행함. 특히 직접 참 가한 연료전지 만들기 실험에서 황산나트륨을 분해하여 얻어진 수소와 산소 의 화학에너지를 이용하여 전기 에너지를 만드는 과정을 체험하고 차세대 에너지원으로서의 가능성 등을 알아봄. 이러한 원리와 실제 발명과정은 영 국 그로브의 '역전 전기분해' 논문과 프란시스 베이컨의 기나긴 연구과정에 서 기인한 것임을 이해하고 우주에 가득 있는 화학적 원소를 활용하여 에너 지를 얻을 수 있는 보다 다양한 방법을 연구하고자 하는 열의를 보임.

3. 동아리 활동

교내 동아리 '과학신문반'에서 미세먼지 문제에 심각성을 느끼고 이를 홍보하기 위한 미세먼지 알리미 신호등 만들기 프로젝트에 참여하여 미세먼지의 심각성에 대해 조사하는 역할을 수행하였으며, 코딩 교육을 통해 미세먼지 수치에 따라 LED 의 색이 바뀌는 회로를 구성하는 과학적 창의성을 발휘함. 미세먼지 알리미 신호 등 홍보 브리핑에서 대표 발표자로서 미세먼지 알리미 신호등의 필요성과 작동 시 연을 수행함. 과학신문 기사 작성을 위해 과학관, 놀이공원, 대학교 실험실, 에코센터를 탐방하는 등 과학 전반에 관심이 많고 모든 활동에 적극적으로 참여함.

　자율동아리 'OOO환경알림이' 활동으로, 대한환경기술연구소 직원의 도움을 받아 보건실의 낙하세균, 진드기, 라돈 등의 수치를 측정함. 미세먼지의 위험성을 인식하고 매일 미세먼지 수치를 측정, 분석하는 활동을 함.


　세상을 바꾸는 프로젝트 - 교복시민단(자율동아리) - 경기도교육청 사회 참여 동아리로 세월호 추모 대형종이배 제작, 노란 리본 제작 및 시민 배부 활동, 모의선거 시행, 독도알리미 후원, 시의원과 간담회 등 공공 역량을 신장함.

　환경, 보건 분과장으로 폐현수막의 재탄생 프로젝트 에코백 제작 기획, 지하철역 주변 금연스티커 기획, 설치에 적극 임함.


## 4. 진로 활동


　과학아카데미 생명과학 프로그램에 참여하여 TED강연 엘리자베스 로프트수의 '거짓 기억과 윤리', 다니엘 윌 퍼트의 '뇌의 존재 이유'를 보고 연구 수행 과정에서 연구 대상자에 대한 윤리의 필요성, 연구 결과가 사회 문제를 야기하지 않기 위해 연구 윤리가 필요하며, 생명 윤리를 엄격히 적용해도 과학 발전에 나쁜 영향을 주지 않으며 오히려 과학 기술이나 공학을 더 발전시킬 수 있다는 과학 에세이를 쓰며 과학자로서의 진로에 대해 깊이 생각함.

　과학아카데미 화학 프로그램에 참여하여 친환경 연료전지를 만들어보고

금속의 반응성 차이에 따른 전지의 작동원리에 대해 이해함. 주어진 레몬을 활용하여 사용하는 개수와 연결 형태(직렬, 병렬)를 달리해본 후 전류를 측정하고 비교해보는 탐구 자세를 보임. 나아가 또 다른 차세대 그린 에너지인 커피찌꺼기 연료전지, 미생물 연료전지 등에 관심을 가지고 원리 및 장점 등에 대해 자료를 조사함. 앞으로 환경 친화적인 기술을 연구하여 환경과 인간이 공존할 수 있는 깨끗한 세상을 구현하겠다는 진로 포부를 밝힘.

보석광물과 도시광산 강연을 듣고 폐가전제품을 수거하여 제련과정을 통해 광물 자원을 얻는데 이때 얻는 금의 양이 경제적 가치로 큰 비중을 차지하지만 이 과정에서 화학철을 거치고 화석연료를 사용하므로 환경오염에 부정적인 측면도 있음을 환경적 측면에서 지적하여 교사에게 칭찬을 받는 등 자신의 진로인 환경에너지자원 분야에 매우 세심한 주의력을 가지고 있음.

사제동행 자연과학 토요 프로그램 에너지 마을 만들기에서 태양열 발전과 태양광 발전의 원리 및 장단점을 이해하였으며 환경을 오염시키지 않는 신재생 에너지의 필요성을 인식함.

미래일기 작성하기에서 염료 감응 태양전지에 대해 조사하여 가정집의 창문에서도 전기가 생산 가능하며 휴대용 태양광 충전기로 휴대전화 충전이 가능하다는 내용의 미래일기를 작성함.

과학아카데미 생태와 환경 프로그램에서 동물 명예훼손 소송장 작성 활동을 하며 다양한 동물에 대한 자료를 조사하고 미디어가 만들어낸 동물의 이미지로 인해 오히려 생태계를 교란시키는 인간의 행동을 인식함으로써 생태계 평형의 중요성을 깨달음.

막상 활동을 할 때는 무게감이나 중요성이 그다지 크게 느껴지지 않은 활동들이었는데 이렇게 문자로 기술하고 나자 제법 그럴듯하게 느껴졌다.

그러면서 다인이는 명문대 입시에 대한 자신감이 조금씩 쌓여갔다. 상위권 대학 8부 능선을 거의 넘었다는 생각이 들었다.

## ● 구체성과 디테일

　활동내용이 자신의 전공을 잘 표현하는, 적절한 것이었지만 학습과정에 대한 기술도 매우 훌륭한 내용으로 기술되었다. 우수한 내신성적을 가진 학생으로서 자신이 공부한 내용을 기술하는 것은 그리 어려운 일이 아니다. 다만, 초점을 잘 맞추고 내용성을 구체적으로 표현하는 것이 중요하다.

　'생기부'든 '자기소개서'든, 또는 실용적 목적의 어떤 서류든 중요한 것은 구체성과 디테일이다. 이는 문학작품을 제외하고 거의 공통적이다. 문학도 시에서 특별히 서정성을 강조하는 것을 제외하면 서사적 구조에서는 구체성과 디테일이 중요하다.

　'그는 훌륭한 인성을 가진 도덕적인 남자다'라고 '주장'할 것이 아니라(이것은 정말 '주장'일 뿐이다!), '그는 자신이 좀 손해 보더라도 다른 사람의 불편을 먼저 고려하고, 다수의 편익이 자신의 이익보다 크다고 느낄 경우에 자신을 이익을 과감하게 희생할 줄 아는 남자다'라고 표현하는 것이 중요하다.

　마찬가지로 '나는 수학을 잘한다'라고 '주장'할 것이 아니라, '부분합을 이용하여 급수가 '수렴, 발산'한다는 사실을 정리하여 설명할 줄 안다'거나 '등비급수의 합 구하는 방법 설명에서 공비 $r$에 대하여 $|r|<1$일 때, 등비급수의 합이 '$a/1-r$'임을 등비급수의 극한이 0이 되는 사실을 이용해서 잘 설명할 수 있다'고 하는 것이 좋다. 평가의 대상이 될 수 있기 때문이다.

　'수학에 흥미를 가지고 있다'고 '주장'하는 것보다 흥미를 가진 내용을

'수준 높게' 잘 표현하는 것이 중요하다.

   이 학생의 수학 및 영어 교과 세부능력 및 특기 사항은 다음과 같이 정
리되었다.(다른 과목은 생략함)

1. 수학(미적분)

미적분I

   친구와 함께 급수의 중단원 내용을 정리하는 수업을 진행함. 급수의 정의
를 빈칸을 이용하여 확인하도록 해서 친구들의 집중도를 높이고 수업의 재미
도 추구함. 부분합을 이용하여 급수가 '수렴, 발산'한다는 사실을 정리하여 설
명함. 급수가 수렴하면 일반항의 극한이 0, 일반항이 극한이 0이 아니면 급
수는 발산한다는 설명 과정과 부분분수식을 이용하는 과정을 논리적으로 설
명하여 기초가 약한 학생들도 이해하기 쉬운 수업강의로 평가됨. 등비급수의
합 구하는 방법 설명에서 공비 r에 대하여 |r|<1일 때, 등비급수의 합이'a/1-r'
임을 등비급수의 극한이 0이 되는 사실을 이용해서 잘 설명함. 급수의 수렴과
발산, 급수의 설질을 이용해서 분모가 등비수열의 형태인 급수의 합과 차를
구하는 문제를 논리적으로 잘 설명함. 모든 단원의 학습지를 탁월하게 작성
하고 각 단원에서 학습한 정의, 정리, 성질 등을 흠을 찾을 수 없을 정도로 잘

서술함.

수학부장으로 활동하면서 수학 학습지를 정리 배부 및 제출하여 수학시간 활동에 많은 도움을 줌. 방과후학교 미적분I (10시간)을 수강함.


미적분II


학급 내에서 수학에 대한 이해가 가장 뛰어난 학생으로, 접선의 방정식에 대해서 스스로 학습한 후, 1일 교사가 되어 관련 단원의 수업을 직접 진행함. 미적분I의 접선의 방정식과 미적분II의 접선의 방정식의 내용에 큰 차이점이 없음을 강조한 후, 공통점과 차이점을 설명함. 곡선에 접하는 접선의 방정식을 구하기 위해서는 접선의 기울기가 필요하고 접선의 기울기를 구하기 위해서는 접점을 찾는 것이 필요함을 강조한 후, 접점을 (a,f(a))라 하여 문제 해결을 설명함. 수업 진행 발성과 태도가 좋고, 원리 이해와 문제 해결이 쉽도록 사전 준비를 철저히 하여 알찬 수학 수업을 진행함.

매시간 마다 배부된 학습지를 완성도 높게 작성하는 학생으로 지수함수와 로그함수에 대한 이해가 뛰어나 로그와 지수로 이루어진 방정식과 부등식의 해를 함수를 이용하여 구하고 그 과정을 논리적으로 설명할 수 있음. 삼각함수에 대한 이해를 기반으로 주어진 삼각함수의 미분과 적분을 쉽게 해결하고 그 과정을 설명할 수 있음.

수학에 대한 심화 지식을 쌓고자 '수학 비타민 플러스'를 읽고 자연 속, 수학 원리에 대해 발표함. 허니콤의 구조를 등주문제와 관련하여 발표함. 정삼각형, 정사각형, 정육각형의 넓이와 각 기둥의 부피를 직접 계산하여 비교해 허니콤이 정육각형으로 이루어져있는 이유를 설명하고 자연 속의 허니콤을 찾아 발표함,

## 2. 영어

영어 독해와 작문

'Reading Teacher'로 'How Cool became Hot'을 주제로 다룬 내용에서 제품과 현상을 반영하여 만들어진 'soap opera', 'skyscraper'라는 단어의 예를 소개하고 '속어를 대통령 만찬과 같은 공식적인 자리에서 사용하는 것은 제대로 교육받지 못한 것으로 여겨질 수 있다'는 내용의 영어 문장을 정확히 해석하고 설명함. PPT 학습자료를 만들어서 발표 내용의 이해를 도움. 지난 시간에 배운 내용을 설명하여 전체적인 내용흐름을 정확히 전달함. 중요 어휘와 구문은 빈칸으로 만들어서 학생들이 먼저 정답을 생각하고 발표 할 수 있도록 하여 수업 참여를 높임. 접두어'-in, -un'이 붙어서 반대의 의미를 나타내는 어휘와 다양한 동의어들도 설명함. 문장 속 현재완료 수동태, 과거완료 문법을 설명하여 문맥의 이해를 돕는 우수한 발표를 함.

자신이 좋아하는 도시의 위치, 날씨, 관광명소 소개 및 초대하는 글을 올바른 문법과 어휘를 사용하여 영어문장으로 작성하는 능력이 우수함.

'Clothes'를 주제로 독창적인 아이디어를 제시하고 조원들과 함께 재미있는 스토리를 창작하여 'Exquse Note'를 작성함.


심화영어


본문 길라잡이로 제시된 'Life of Pi'의 내용 중, 파이와 리차드 파커가 구명보트 위에서 날치 떼의 공격을 받을 만큼 많은 먹이를 얻은 기쁨을 만끽 하다가, 지나가는 배를 발견하여 구조될 기회를 갖게 되리라는 기대감으로 소리를 치는 내용의 영어 문장을 정확하게 해석하고 설명함. PPT 학습 자료를 만들어 발표에 활용함. 'Previous Story'라는 제목으로 이전의 내용을 들려주어 아이들의 이해를 도움. 문장 속 간접 의문문의 어순, to부정사의 부사적 용법, 분사의 쓰임을 설명하고 발표 내용을 완전히 숙지하여 학생들에게 정확하고 쉽게 이해할 수 있도록 함.

'Life of Pi'작품을 읽고 기억에 남는 명장면과 감상평을 적절한 어휘와 문법을 구사하여 영문으로 잘 표현함. 인상적인 장면의 세부적 묘사로 장면을 머릿속에 상상할 수 있을 만큼 생생하게 표현함으로써 영작으로 감정과 생각을 정확히 전달하는 우수한 능력을 보임.

수업시간에 배운 영어 학습 내용을 매 시간 빠짐없이 꼼꼼하게 기록하고 단원과 내용별로 일목요연하게 정리하여 자기 주도 학습에 잘 활용함.

'Reaching Across Cultures' 단원을 발표하며 이전 내용을 간략하게 설명하고 관련 문제를 직접 제작해 친구들이 중요한 내용을 복습할 수 있도록 함.

'생기부'의 내용은 나무랄 데가 거의 없이 충실한 내용이다. '학종' 입시에 대한 자신감이 생겼는데 그건 비단 나뿐만이 아니었을 것이다. 다인이 역시 새로운 자신감을 갖지 않았을까.

　　이러한 교과 학습 내용과 활동내용을 보면서 학생들은 스스로 자신감을 갖는다.

　　'정말 명문대 합격이 가능할 것 같은데' 하는 마음이 드는 것이다.

　　이러한 학생들을 지도해본 경험을 근간으로 하여, 나는 3학년 들어서 다인이에게 오직, 수능 2등급 3개를 받는데 집중하라고 조언했다. 내가 보기에 그것만 충족되면 서울대 합격이 거의 확실할 것으로 봐도 무방했다. 그러한 자신감은 다인이의 2학년 활동과 학습 내용의 기술, 그리고 다가올 3학년 과정에 대한 자신감 때문이었다.

　　그런데 막상 다인이 자신은 '전교1등'이 더 큰 과제였던 모양이다. 무조건 수능공부 하라는 말에 고개를 끄덕이면서도 수능공부의 흔적은 보이지 않았다. 오직 중간고사와 기말고사에 몰입했는데, '수능특강'이 수능 연계라고는 하지만 안 그래도 약한 수능 실력을 그 정도로 커버하기는 불가능에 가까운 일이었다. 시간을 차곡차곡 흘렀다.

　　다인이는 결국 내신 성적 전교 1등을 차지했다. 그리고 '생기부'에 기재된 3학년 학습과 활동 내용도 매우 알차게 채워졌다.


　　이런 내신성적은 학생의 마음을 상당히 부풀게 했지만 나는 '잘못될 가능성이 있는 일은 늘 잘못 된다'는 말을 걱정했다.

　　항공엔지니어인 '머피'가 충격완화장치 실험에 거듭 실패하고 한 말이다. 실패의 원인은 부품의 배선이 잘못된 아주 사소한 것이었는데 아무리 사소한 것이라도 그것이 원인이 되어 전체를 실패로 이끌 수 있다.

입시지도를 하면서 이런 경험을 자주 한다. 어느 한 부분이 부족하면 꼭 그 부분 때문에 전체를 그르치는 일이 생기기 마련이다. 입시뿐이겠는가? 모든 세상일이 그리 허술하지 않다. 언제든지 '사소한' 어느 하나가 문제를 일으키는 것이다.

## ● 한양대학교의 전략과 '소유효과 이론'

7월에 기말고사가 끝나면서 오직 수능 준비에 몰입할 상황이 되었는데 다인이는 어쩐지 시들해져있었다. 곁에서 보기에는, 수능에서 원하는 점수와 등급을 얻을 자신이 없어보였다. (다른 한편으로는 내신 공부 하느라 지쳐서 그렇겠지, 긍정적으로 볼 수도 있겠다.)

9월에 대학 입학원서는 서울대, 고려대, 성균관대, 한양대, 중앙대, 경희대 6개 대학을 지원하고 카이스트, 유니스트를 함께 지원했다. 고려대만 당시의 학교추천1, 교과전형이었고 나머지는 모두 종합전형이다.

이제까지의 수능 공부와 앞으로의 수능 공부과정을 예상하건대, 서울대, 고려대는 수능 때문에 합격이 불가능할 것으로 생각되었고, 카이스트 역시 면접에서 치르는 '학업역량 면접' 때문에 어려울 것으로 보였다. 성균관대와 한양대 등에서는 수능 최저가 없었으므로 합격할 것으로 예상할 수 있었다.

엉성하지만 수능 공부를 하면서 한동안 수능공부와 포기 사이에서 갈등하는 듯 보이다가, 결정적인 사건이 생겼다. 다인이가 한양대학교에 최초합격이 된 것이다! (다인이의 학교는 개교 이래 한양대학교에 합격한 것도 이번이 처음이었다.)

다인이와 학부모님은 기쁜 목소리로 합격소식을 전했지만, 나는 그 사실이 그리 탐탁한 것만은 아니었다. 거기에서 멈출 가능성이 커 보여서였다.

이른바 '소유효과이론'에 근거한 것인데, '소유효과이론'은 인간의 손실 회피 심리에 기인한 것으로, 현재의 소유 상태를 유지하고 싶어 하는 심리상태이다. 평소 좋아하던 뮤지션 콘서트 티켓을 5만원에 샀지만 누군가 이것을 되팔기 원할 때, 그 가격으로는 되팔고 싶지 않은 심리다. 적어도 10만원 이상은 내야 한다고 생각한다.

'알레의 역설'은 기대효용수치에 기댓값을 적용해 산출되는 가치의 변동이다. 아무것도 없다가 100만원이 생긴 것과 1,000만원이 있다가 100만원이 생겼다면 이 두 100만원의 효용가치가 달라진다는 것이다.

불치병 완치율이 96%에서 98%가 된 경우와 98%에서 100%가 된 것은 모두 2%가 좋아진 것인데도 서로 가치가 다르다. 사람들은 100%의 가격을 치를 때 2%만큼의 비용만 더 내는 것은 아니다.

실제로 '알레'는 경제학자들을 대상으로 다음과 같은 실험을 했다.

| A실험 | B실험 |
|---|---|
| ① 1억2천만원을 받을 확률 61% | ① 1억2천만원을 받을 확률 98% |
| ② 1억원을 받을 확률 63% | ② 1억원을 받을 확률 100% |

A 실험에서 많은 사람들이 ①번을 선택했고 B실험에서는 많은 사람들이 ②번을 선택했다. '일관적 선호'나 '합리적 선택을 하는 인간'이라는 명제에 어긋나는 일이었다.

이는 미완의 확률보다 확실한 것에 가중치를 두는, '확실성 효과'에 그

원인이 있다.

한양대학교는 전국의 대학 중 가장 먼저 합격생을 발표한다. 9월에 원서를 내고 10월 중에 발표한다.(코로나 19로 인해 2021학년도는 조금 다르다.) 오직 '생기부' 하나로 선발하고 다른 서류나, 면접, 수능 등이 하나도 없다. 수험생 입장에서는 아주 편한 전형일 것이다.

나는 그것을 '소유효과' 또는 '알레의 역설'에 근거한 한양대의 '전략'이라고 평가한다.

한양대에 최초합격한 학생들은 대부분, 그때부터 수능공부를 포기하거나 최소한 등한히 하게 된다. 한양대 지원자들은 대부분 상위권 학생들인데 한양대가 아주 만족스럽지는 않지만 그렇다고 아주 불만인 것도 아니어서 어중간한 입장이 되고 만다.

그러나 한양대 합격은 이미 확실한 것이 되었다. 손실을 줄이려는 마음이 작동되고 한양대의 심리적 가격은 본래 가치에 대한 합리성을 무력화한다.

기댈 벽은 생기고 그러므로 긴장은 이완된다.

한양대에서 떨어진 학생들은 반대로 더 큰 경각심을 갖게 되어 더욱 결사적으로 수능 공부에 매달린다.

실제로 나는 한양대에 합격한 학생들이 수능에서 원하는 등급을 얻지 못해 나머지 대학입시에 실패하는 경우를 자주 보았다. 물론 한양대에 떨어진 학생들이 수능에서 원하는 등급을 얻어 고려대나 서울대에 합격하는 그 반대의 경우도 자주 보았다.

　다인이는 자연스럽게 전자의 경우로 진입되었다.

● 아쉬운 결말 ─────────────────────────────

　예상대로 서울대, 고려대는 수능 최저 등급을 충족하지 못해 탈락한다. 카이스트에도 1차 합격했는데, 결국 시험으로 치르는 '학업역량 면접'에서 성적을 얻지 못한다.

　유니스트 1차 합격 했지만 한양대에 합격하였으므로 면접을 포기하였다.

　한양대, 중앙대, 경희대에 모두 최초 합격하였고 성균관대는 제일 나중에 합격자 명단에 이름을 올렸다.

　다인이의 학교에서는 유래가 없는 결과라 대단한 축하 세레모니가 이어졌고, 다인이 자신 또한 매우 흡족해 하며 즐거운 졸업 여행을 떠날 수 있었지만 나로서는 못내 아쉬움이 남는 결과였다. 그래도 다인이 학교의 근거 없는, '패배적 전통'을 깰 수 있어 다행이었다.

**1. 고등학교 재학기간 중 학업에 기울인 노력과 학습경험에 대해 배우고 느낀 점을 중심으로 기술해 주시기 바랍니다. (1,000자 이내)**

물리 지식나눔 수업으로 '플라즈마' 발생 실험과 수업지도를 하였습니다.

물리 공명현상을 응용하여 포도알과 전자레인지를 이용해 플라즈마를 발생시키는 실험을 진행하였는데 플라즈마는 초고온에서 음전하를 가진 전자와 양전하를 띤 이온으로 분리된 상태이고 여기에 높은 에너지를 가하면 전자와 원자핵으로 분리되어 플라즈마 상태가 됩니다.

마이크로파는 물에 들어갈 때 파장 길이가 1/10로 감소하는데 저는 전자레인지 마이크로파 파장 길이가 약 12cm, 포도알 지름은 약 1.2cm로, 마이크로파가 포도알에 의해 파장이 1/10로 감소하고 포도 내부에서 공명을 일으켜 증폭된 에너지로 물 분자가 이온화되면서 전자레인지 내의 기체와 부딪쳐 플라즈마가 생성되는 원리로 실험을 진행했습니다.

포도알을 반으로 잘라 레인지에 놓고 비이커를 씌운 후 마이크로파를 쏘아주면 중수소와 삼중수소가 고속으로 부딪쳐 중성자, 헬륨이 생성되며 에너지가 나오는데 이때 이온이 돌아다니고 있는 상태인 플라즈마가 발생한다는 점을 눈으로 확인하여 학생들의 박수를 받았습니다.

이후 초전도체와 구리의 전기 저항 비교 실험을 통해 초고온 플라즈마를 장시간 가둘 수 있는 토카막의 원리를 2개월간의 경기교육청 클러스터 수업에서 공부하였습니다.

액체질소로 초전도체와 구리를 냉각시키면 전압이 낮아지고 전기 저항도 낮아져 저항값이 0Ω에 가깝게 되는 초전도 현상을 핵융합에너지 장치인 토카막에 사용할 수 있습니다.

전압계는 200mV, 전류계는 200mA 단위로 측정할 수 있도록 설정하고 전원장치, 전압계, 전류계를 연결한 후 실험하였습니다.

액화질소 붓기 전 구리선과 초전도선 전압은 약0.5mV, 약0.7mV이고 액화질소를 부은 후 구리선과 초전도선 전압은 각각 약0.3mV, 약0.1mV로 나타났고 옴의 법칙에 따라 저항값은 냉각 전 각각 0.05Ω, 0.07Ω이며, 냉각 후 0.03Ω, 0.01Ω임을 확인하였습니다.

물리화학분야에 관심있는 학생으로서 이론과 실험으로 플라즈마의 발생원리와 활용을 배우고 물리학을 심화적으로 이해한 값진 과정이었습니다. (997)

**2. 고등학교 재학기간 중 본인이 의미를 두고 노력했던 교내활동을 배우고 느낀 점을 중심으로 3개 이내로 기술해주시기 바랍니다. 단, 교외활동 중 학교장의 허락을 받고 참여한 활동은 포함됩니다. (1,500자 이내)**

인간의 삶은 자연의 산물이고 과학기술도 자연의 이치를 탐구하고 활용한 결과임을 저는 공부와 실험과정에서 자주 느꼈습니다. 그러므로 자연의 원리와 이치를 연구하고 이를 활용할 수 있는 능력을 기른다면 아주 훌륭한 과학적 성과를 만들 수 있다 생각했습니다.

교내 동아리 '통통사이언스'에서 '과학으로 우리 주변 문제 해결하기' 프로그램으로 에너지 효율성을 높일 수 있는 실험을 할 때 저는 '태양광 자동추적 태양전지 제작 프로젝트'를 설계하여 진행하였습니다. 태양광에너지는 시간, 위치, 면적, 날씨 등에 영향을 많이 받는데 이러한 자연 제약 중 시간과 날씨의 제약을 효율적으로 완화시키는 방법을 구상하다가 해바라기가 태양을 따라 움직이는 원리는 제한된 자원을 최대한으로 활용할 수 있는 방안이라 생각하여 이에 착안, 태양광 자동추적 장치를 구상하고 실제 제작에 들어갔습니다.

아두이노 우노보드와 브래드보드, 센서를 통해 빛을 감지하고 이에 따라 저항값이 변하는 LDR 센서를 이용하기로 하였습니다.

센서의 반응에 따라 태양광 헤드부분이 동작하도록 톱니바퀴와 받침대를 조립하고 회로를 연결한 후 코딩과정을 거쳐 장치를 완성하고 운동장에서 동작 테스트를 실시하였습니다.

실험에서 모터가 코딩한 대로 움직이지 않아 당황스러웠는데, 이를 다시 분해하여 재조립하는 방식으로 서너번이나 되풀이하여 결국 문제를 해결하였습니다.

우리가 만든 동작형 태양광패널로 얻을 수 있는 에너지의 양을 고정형과 비교하여 산출하고 싶었으나 실험기기 등의 미비로 할 수 없었던 점과, 대용량의 태양광에너지를 대상으로 하였을 때 제작에 따른 비용문제와 어려움 등을 확인하고 싶었지만 이 역시 실험 환경이 주어지지 않아 가능성 여부를 확인하는데 만족해야 했습니다.

해바라기에서 이러한 착안을 한 것처럼 사람들에게 필요한 대부분은 이미 자연속에 존재한다는 것을 깨달았습니다. 자연에 대한 심층적 탐구와 이를 근간으로 한 창의적 발상이 중요하다는 점을 다시 깨닫게 되었습니다.

교내 진로계획 평가 활동에서는 '미세 플라스틱이 생태계에 미치는 영향과 미세 플라스틱 구조적 분해 방법'을 발표했습니다.

'플라스틱의 역습' 다큐를 통해 플라스틱 오염문제의 심각성을 인식하고 이로 인한 1, 2차 피해와 내분비 교란 등의 영향을 살폈습니다.

화학적, 물리적 해결방법 아닌 친환경적 해결 방법을 탐구하다 2018년 '커렌트 바이올로지'에 내용에 꿀벌부채명나방의 유충이 비닐을 분해한다는 것을 알았습니다. 성충 나방도 폴리에틸렌 플라스틱을 먹어 분해하는데 이는 벌집밀랍이 폴리에틸렌-$(CH_2CH_2)$ n- 화학 구조와 비슷하기 때문임을 알았습니다. 그냥 섭취하는 것이 아니라, 플라스틱의 화학적 구조를 알코올 일종인 에틸렌글리콜$C_2H_6O_2$로 변형시켜 완전히 분해하는데 저는 이 과정을 설명하고 이를 규명, 활용한다면 플라스틱 문제해결이 가능하고 나아가 자연 분해 플라스틱 개발도 가능할 것이라 발표하여 독창성과 가능성에 많은 공감을 샀습니다.

자연의 이치를 잘 탐구하고 원리를 찾는 일이 과학이며 이를 통해 많은 문제가 해결될 수 있음을 알았습니다. (1499)

# story 2

# 관점에 따라 달라지는 것

———

광운대 / 단국대 / 서울과기대(1차) 합격

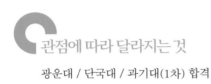

# 관점에 따라 달라지는 것

광운대 / 단국대 / 과기대(1차) 합격

세계적 신발 메이커에서 아프리카 시장을 개척하기 위해 직원을 파견했다.

일주일 후, A직원이 본사에 이메일을 보냈다.

"여기는 사업 가능성이 제로입니다. 모든 사람들이 맨발로 다닙니다."

함께 파견된 B직원은 다른 내용의 메일을 보냈다.

"여기는 무한대의 개척 가능성이 있는 시장입니다. 사람들 모두에게 신발이 없습니다!"

사람들은 때때로 '나와 다르다'는 것을 자리 합리화의 도구로 사용한다. 과학고니까, 자사고니까, 특목고잖아, 하는 것이 그런 경우에 해당한다. 뒤에 제시되는 합격사례가 과학고라서, 외고라서 자신과는 좀 거리가 있다고 느끼는 학생이라면 지금 제시되는 이 사례를 들여다볼 필요가 있다.

지방 소도시의 일반고이며 학력 수준이 높지 않고 진학 성과도 그리 좋은 학교가 아니기 때문이다.

이 학생의 내신 성적 역시 일반적으로 4년제 대학에 진학이 가능한 정도가 아니다!

자신도 스스로, '지방에 있는 전문대학교에 진학하기에도 벅찬' 정도의 성적이라 생각했다.

## ●오크통 모양의 성적분포

전에 쓴 '학종돌파 8개 스토리: (시즌1) 점들의 연결'과 '합격자소서 이렇게 쓴다'에서 말했듯, 이런 정도의 성적과 내용을 가진 학생이 사실은 대부분이다.

상위부터 4% - 11% - 23% - 40% - 60%로 이어지는 상대평가 등급은 중간 이하의 성적 분포가 가장 많을 수밖에 없기 때문에, 분포를 그려보면 언제나 허리가 볼록한 오크통 모양이 된다.

학생들의 진로와 입시를 지도하고 있는 나로서도 중간에 있는 학생들의 비중이 가장 크다.(최근에는 6~7등급대 학생들의 상담이 많아졌다.)

이 학생들의 일반적 상태는 일종의 '포기상태'에 있는 경우가 많다. 4~5등급대의 성적, 간혹 더 낮은 등급의 성적(6~7등급)으로 인해 대학 진학을 거의 불가능한 것으로 여기는 경우다.

이러한 포기 상태는 대부분 일학년 성적이 나오기 시작하면서 시작된다. 몇 번 성적을 뒤집으려는 노력을 해보긴 하지만 그럴듯한 성과는 거의 없다. 주변에서는 '대학은 이미 글렀다'는 신호를 지속적으로 주입하고 결국은 평화롭게(?) 자포자기 상태에 이른다.

학교에서도 별반 뾰족한 수가 없어, 제대로 된 진학 상담을 받는 경우도 드물고 상태를 뒤집을 기회는 물론, 의욕이나 열망을 가질 기회도 오지 않는다.

말하자면 '방치 상태'인데, 자기 스스로도 자신을 '방치'하게 된다. 그러면서 시간은 어김없이 다가오고 대부분은 '정해진' 실패의 과정으로 빨려들어간다.

'계획이 없다는 것은 실패를 계획하는 것과 같다.'

가장 문제되는 것은 자신 안에 있는 패배감이다.

'넌 안 돼!' 하는 말을 자주 듣다보니, 이 말이 자신도 모르게 내면화 되어 '난 안 돼!' 하는 주문이 된다. 이러한 내면적 주문은 손발과 자신의 의식마저 묶어버리고 아무런 시도를 할 수 없도록 한다.

'누울 자리를 보고 발을 뻗어야 한다'든지 '주제를 모른다'는 말은 흔한 말이고, 하도 자주 들어서 어찌 보면 타당해 보이기도 한다. 그러나 '넌 안 돼!' 라는 그 평가의 기준은 옳지 않다. 기준이 적절치 않으므로 옳은 소리가 아니다.

이런 평가는 그저 '내신 성적'이라는 단 하나의 기준에 의해 나온다. 학생부 교과전형이든 종합전형이든, 그저 내신 성적이라는 유일 기준의 적용을 받는 것이다.(그러나 대학에서는 그 기준만으로 학생을 선발하지 않는다)

이것은 마치 아이큐(IQ) 수치로 사람의 가능성이나 성공지수를 평가하는 것과 다름없다. 사람이 성공하는데 있어 IQ는 약간의 상관 변수('15% 정도'라는 학계의 보고가 있다)가 될 수는 있으나 그것이 가능성이나 성공을 결정하는 것은 아니다. (IQ는 환경과 조건에 따라서 달라진다는 것은 '로젠탈 효과'로 증명되었다.)

데이비드 롭슨은 '지능의 함정'이라는 책에서 지능이 높은 사람은 오히려 파산할 확률이 더 높다고 얘기하며 스티브잡스의 실패담과 셜록홈즈

등의 여러 사례를 제시한다. '의도적 추론', '편향 맹점', '합리성 장애', '교조와 고착' 등을 유발할 확률이 많으며 'IQ가 높으면 스마트하다는 등식은 성립하지 않는다'고 역설한다.

단언컨대, 성적도 그러하다. 그렇기 때문에 많은 세계 각국의 유명대학에서 성적이 아닌, 여러 가능성을 종합하여 학생들을 선발하고 있는 것이다. 그러니 고등학교 현장에서도 '성적'이라는 유일기준으로 학생들을 평가하는 것을 바꾸어야 할 때가 되었다.

지난 5~6년간 4, 5, 6 등급 심지어 그 이하 7등급대를 가진 일반고 학생들이 in서울, 중위권 정도의 대학에 합격한 사례는 대단히 많다. 10명이 준비해서 서너명이 합격하는 정도가 아니라, 그 등급대의 학생들 10명이 준비하여 대략 7~8명이 합격해 오고 있다.(물론 쉬운 일은 아니다.)

앞서 말한 필자의 저서, '합격자소서 이렇게 쓴다'에서 제시된 합격 사례는 이러한 4등급 이하 5,6 등급대 학생들의 합격 사례가 대부분이다. 실명과 등급, 대학을 일부러 명기하지 않았을 뿐이다.

그러니 내신 등급이 낮다고 일단 절망부터 할 일은 아니다.

이 말은 아무렇게나 시험을 치르라는 말이 아니다. 성적은 좋을수록 좋은 것이고 길은 넓어지니까.

　지금부터 살펴보려는 하영이는 낮은 등급으로 in서울 대학에 합격한 사례로, 그런 면에서 적절한 경우라 말할 수 있다.

　처음 하영이는 소극적인 학생이었다. 상담을 꺼릴 정도였다.(나중에 알았지만 매우 적극적이며 사고력이 넓은 학생이다! 주눅이 들었던 것인데, 그 이유는 단지 성적 때문이었다.)

　대학입시를 생각하면 더욱 자신이 없어진다. 자신은 물론, 부모님의 심정도 마찬가지이다. 그 이면에는, '해봐야 소용없다'는 강한 체념이 자리 잡고 있다. 우리나라 학부모님들 중 대부분이 이런 고정관념을 가지고 있는 것으로 보아도 무방하다. (역시 '성적중심'으로 훈련된 조건반사다.)

　그러니 이 학생 상담을 시작할 때도 '한 번 던져나 보자'는 정도의 생각이었지, 그 이상의 기대는 없어보였다.(3학년 때 시작하였다.)


　이제까지 기록된 학교생활기록부를 꼼꼼히 살펴보면, 당사자의 모습이 어느 정도 그려진다. 그런 면에서 '생기부'는 학생들의 학교생활을 어느 정도는 잘 반영하고 있다고 볼 수 있다.


　이 학생의 진로희망과 기재 내용은 다음과 같다.

| |
|---|
| 1학년 진로희망 : 작가 |
| 2학년 진로희망 : 미디어커뮤니케이션 학과 |

## 자율활동

1학년 자율활동 (일부) : 심화독서토론 활동에 참가함. 다양한 명상 프로그램을 통해 집중력을 향상시키는 방법을 배웠으며 자신의 마음 관리를 할 수 있는 호흡법을 기본으로 몸을 움직이는 다양한 요가 동작을 습득함. 또한 독서법과 독서카드를 통해 자신에게 맞는 책을 고르는 방법, 책을 자신의 말에 인용하는 법을 배우고 책과 자신의 이야기를 섞어 발표하는 2분 스피치를 계획하여 자신의 꿈을 발표함.

2학년 자율활동 (일부) : 피아노 연주 실력이 뛰어나 '노이즈플루션'의 부원으로서 건반을 담당하여 교내 작은 음악회를 통해 자신의 재능을 발휘했으며 공연 연습과정에서 자신이 맡은 역할을 수행하기 위해 노력하는 책임감을 길렀으며, 합주를 위한 인내심과 서로에 대한 신뢰의 중요성을 배웠음. 학교 축제에서 밴드 공연에 참여하여 자신의 재능을 선보이며 분위기를 고조시키며 무대를 빛냄.

세부 능력 및 특기 사항(2학년)

확률과 통계(전문) : 실생활에서 찾은 확률의 활용에 대한 팀 프로젝트에서 '게임 속 확률'이라는 주제로 탐구 조사 활동을 하고 결과물로 비주얼씽킹을 제작하여 발표함. 조사한 자료를 바탕으로 팀과 토의하여 내용을 정리하고, 주제와 관련된 문제를 만들어 발표하여 흥미를 유발함.

이 학생의 '생기부'는 대체로 이 같은 내용을 담고 있다. 물론, 이보다 조금 더 구체적인 내용도 없지는 않다.(그 내용은 뒤에서 다시 건져내기로 한다.) 그러나 큰 틀에서 보면 대부분 이 범주에 속하는 내용이라 할 수 있다.

'생기부'를 작성하시는 분은 담임선생님, 동아리 지도 선생님, 학과선생님 등 다양하기 때문에 생기부에 어떤 통일된 지향을 갖는다는 것은 사실 매우 어려운 일에 속한다.

그러나 문제는 그런 통일된 지향성이나, 일관된 진로 적합성 같은 것이 아니라, 학습이나 활동에서 보여줄 수 있는 구체성이 보이지 않는다는 점이다.

이쯤 되면 '생기부'를 보물찾기나 숨은 그림 찾기 하듯이 탈탈 털어 들여다보아야 한다. 그리고 그 작업을 하기 전에 먼저 '초점'을 어디에 맞출 것인가를 결정해야 한다.

## ● 무엇을 하고 싶니?

무엇을 하고 싶니? 하는 질문은 3학년 학생들에게는 조금 늦은 질문이
다. 하지만 1학년 때의 진로 희망, '작가'나 2학년 '미디어커뮤니케이션 학
과'는 그 간극이 너무 크고 '생기부' 기록 내용으로도 어느 한 쪽이 특정되
어 있지 않아 부득이 물어보는 수밖에 없다.

이러한 질문에 학생이 답하는 내용은 '생기부' 기록과 별로 다르지 않다.

"미디어 관련이요."

그랬다가,

"신방과나, 아니, 문화콘텐츠가 좋기도 하고…….."

이것저것 말하다가 결국엔,

"뭘 해야 좋을지 모르겠어요."

하고 말을 마친다. 이 말 속에는 대학입시라는 숨은 그림이 있다. '어떤
학과를 지원해야 합격할 수 있을까요?'라는 뜻이 있고 '합격'이라는 단어
에는 성적과 전공, 활동 등이 어떤 기준을 가지고 숨어 있는 것이다.

그러나 그건 순서가 뒤바뀐 일이다.

현재 자신이 갖춘 조건을 기준으로 목적지를 정한다면, 특별히 더 할
것도 없다. 목적지를 기준으로 자신의 조건을 갖추는 일이 지금부터 해야
할 일인 것이다. 돈 만원이 있으니 수원까지 밖에 못가겠군, 할 것이 아니
라 부산까지 가려면 뭐가 필요하지? 하고 생각할 일이다.

목적이 없으면 계획은 없을 수밖에 없다.

"대학이나 합격 같은 것은 상관하지 말고 실제 하고 싶은 일은 뭐니?"

"………."

고민을 해보는 표정이지만 결국,

"글쎄, 그걸 정말 모르겠어요……."

하고는 한숨을 내쉰다.

이런 경우는 조금 시간이 더 걸리기 마련이다.

"진로 희망에 작가라고 쓴 것은 무슨 이유야?"

"일학년 때 교내 글쓰기 대회에서 상을 받았는데, 그때 글 잘 쓴다는 얘기 들어서 작가가 좋겠다는 생각을 했어요."

"좋은 계기로구나. 무슨 글을 썼는데?"

"기억이 거의 나지 않아요. 뭐 특별한 것은 아니었어요. 그건 틀림없어요."

"그래도 상을 받은 것은 네가 다른 학생들보다 우수했던 거지."

"………."

"좋아하는 작가는 있니?"

"김애란도 좋고, 정유정도 좋아요."

"어떤 이유에서?"

"그냥요."

"글을 써본 경험은 또 있니?"

"소설이랍시고 쓴 게 있긴 한데……."

"소설?"

"소설이라고 말하기도 좀 쑥스러워요. 거의 낙서 하다시피 한 거라서."

"남다른 경험이구나. 내용은?"

이 순간에 잠시 눈이 빛난다.

"조선시대를 배경으로 비천한 출신의 여자와 양반집 도령의 사랑이야기인데……, 쓰다 보니 무슨 말인지 뒤죽박죽이 되어버렸어요."

"얼마나 길게 썼니?"

"한글문서로 한 사오십장 정도 쓴 거 같아요."

"볼 수는 있니?"

"보내 드릴 수는 있는데 보실 필요는 없을 것 같아요."

그러면서 애매, 쓸쓸하게 웃는다.


이야기를 몇 차례 더 나누면서 나는 '정말 작가가 되라'는 권유를 했다.

"작가요? 그건 그냥 진로희망에 마땅히 쓸 게 없어서 써놓은 건데요."

"작가라는 게 너무 거창하니?"

"제가 어떻게……?"

"작가가 전에처럼 거창한 무슨 절차를 거쳐야 하는 것은 아니다. 네가 살아갈 앞으로는 더 그렇겠지. 좋은 글, 즉 콘텐츠는 여러 미디어 매체를 통해 확산되니까 그런 것까지 염두에 둔다면 더 좋겠지."


그로부터 내가 그 학생에게 설명한 것은 주로 문학, 문학가에 관한 것이다. 그리고 그 작품이나 내용은 늘 매체를 염두에 두어야 한다는 것이다.

나는 앞으로 인간세계에서 살아남을 직업이나 전문가는 '창조적인 것' 외에는 없다고 생각한다. 과학계통도 융복합을 거치면서 '창의적 재창조'가 이루어져야 하고 인문계열 역시 여러 형식으로 콘텐츠의 '재창조'가 필요하다고 생각한다. 단순지식과 기능은 앞으로 설 자리가 점점 좁아질 것이다.

취업이나 진로에 있어 문과 학생들의 어려움은 점점 더 가중된다. 대학에서 뽑는 인원도 줄어들고, 취업문은 더 좁다. 그나마도 경영, 경제, 미디어, 사회학, 사회복지 등 실용적 기능이 우위를 차지하고 있다.

어문계열은 인기가 떨어진지 오래여서, 두어 개 이상의 복수전공은 필수가 되었다.

"무언가를 창조하거나 기획하는 일을 배우는 것은 매우 가치가 큰 일이다. 앞으로 그런 사람이 더 유리한 사회가 된다."

나는 정말 그렇게 생각한다. 약간의 기능을 쌓아 평생 직업을 얻는 일은 차츰 없어질 것이다.

여러 번의 대화를 나누고 그녀는 정말 '작가'가 되기로 했다. '초점'을 맞춘 것이다.

이렇게 초점이 맞추어지면 앞서 본 '생기부'의 내용도 달라 보인다.

---

1학년 자율활동 (일부) : 심화독서토론 활동에 참가함. 다양한 명상 프로그램을 통해 집중력을 향상시키는 방법을 배웠으며 자신의 마음 관리를 할 수 있는 호흡법을 기본으로 몸을 움직이는 다양한 요가 동작을 습득함. 또한 독서법과 독서카드를 통해 자신에게 맞는 책을 고르는 방법, 책을 자신의 말에 인용하는 법을 배우고 책과 자신의 이야기를 섞어 발표하는 2분 스피치를 계획하여 자신의 꿈을 발표함.

---

아까 제시된 생기부의 내용인데, 파란색 글씨 부분을 다시 들여다볼 필요가 있게 된 것이다.

"어떤 책의 어떤 내용을 자신의 말에 인용해서 발표했니?"

이런 식이다. 물론 뚜렷한 기억은 없지만 유추해 볼 수는 있을 것이다. 그리고 거기서 찾아낼 수 있는 내용도 있다.

"인용되는 것은 보편적 설득력을 갖는 말들이다. 사람들은 책에서 일반성, 보편성을 찾고 몇 개의 단어나 몇 줄의 글로 정리한다. 그리고 공감하고 받아들인다. 독자의 지능지수를 높여주지는 않지만 독자를 지혜롭게 만들 수 있는 말이다."

상담은 깊이를 더해가며 재미도 높아진다.

이렇게 '생기부'에서 찾은 특별한 내용은 이것 외에도 더 있다.

수상경력란에는 눈에 번쩍 뜨이는 것들이 보인다.

수상경력:

과학글짓기 대회 은상(2위)

양성평등 글짓기 대회 은상(2위)

백일장대회(산문) 최우수상(1위)

학교폭력예방 UCC 대회 최우수상(1위)

이런 기록은 당연히, 아, 이 수상작의 내용은 무엇이란 말인가! 하는 생각으로 이어져야 한다.

자율활동(1학년)

전남 독서토론 열차 학교에 참여하여 반장으로서의 책임을 다함.

윤동주시인의 문학기행에 참여함. 시인의 유고보존 정병욱가옥 및 문화 유적을 돌아보고 윤동주시인의 삶을 이해함.

학과체험의 날에 인문계열 프로그램을 선택하여 학과 체험을 실시함.(중략) 전공 알림이와의 대화를 통해 작가의 다양한 역할, 요구되는 역량에 대해 깊이 있게 알아봄.


자율활동(2학년)


학우들의 추천을 받고 지지를 얻어 한 학기 동안 학급 반장을 함.

테마별 체험 활동에서 '문화'라는 테마를 선택하여 광주지역을 체험함. (후략)

학교축제에서 영상부서 준비위원회로 활동하며 시나리오를 기획하고 촬영하는 역할을 함.


동아리활동(2학년)


시나리오 작가로 활동하며 '청소년 도박'을 주제로 청소년의 올바른 문화 조성과 불법도박문화 근절을 위해 열린 결말로 위기감을 강조하며 시나리오를 마무리함.(후략)


\* 기타 세부능력 및 특기 사항 등은 생략함.

'생기부'에 있는 많은 활동 중 자신을 잘 드러낼 소재를 찾아보면 이러한 것들이 눈에 들어온다. 더 필요한 내용은 3학년 때 할 수 있는 창체활동이나 교과 활동을 통해 보완할 필요가 있다.

 이쯤 되니, 이 학생의 3년간의 활동이 하나의 입체적인 모습으로 구성이 된 셈이다.

이런 정도에 이르면 학생들의 태도가 다소 달라진다.

앞에서 얘기한 '자포자기' 상태에서 벗어나 뭔가 하려고 하는 의욕을 보인다. 희망이 생긴 것이다.

늘 느끼는 것이지만 성적을 올리는 가장 좋은 방법은 '동기부여'다.

왜 해야 하는지, 어느 정도까지 해야 하는지를 알게 되면 대부분 적극적으로 공부에 임한다. 이 때 필요한 것은 어떤 방법으로 공부해야 하는지를 알려주는 것이다.

학생에 따라서는 아주 큰 폭으로 성적이 향상되는 경우도 많다. 큰 폭은 아니더라도 대부분의 학생들은 성적이 올라간다. 가능성을 실현하고 싶기 때문이고 실제로 가능하다고 생각하기 때문이다.

나는 거의 모든 학생들에게서 그런 향상적 결과를 본다. 어떤 학생은 1학년 내신 평균 3.9 등급에서 3학년 초 1.4등급(전교 1등!)까지 올라간 학생도 있고 4등급 중후반에서 2.23 등급까지 오른 학생도 있다. (이런 내용은 '합격자소서 이렇게 쓴다', '학종돌파 8개 스토리 : 점들의 연결'에 소개되어 있다.)

잠재력이라는 것은 누구에게나 존재한다, 그들은 보면서 나는 그런 것을 느낀다. 어떻게 촉발시키느냐, 하는 문제일 뿐이다. 일단 계기가 마련되면 신기할 정도로 달라진다. 물론 손쉽게 할 수 있는 공부 방법을 차근차근 손에 쥐어주는 것이 필요하다.

이 글을 집필하고 있는 현재도 3.7 등급에서 2.2등급까지 큰 폭으로 성적이 향상된 학생을 비롯하여 많은 학생들의 성적이 향상되었다.

## ● 진로의 재구성

이 학생의 경우, 남은 시간이 부족하였지만 그 시간에 그나마 노력하여 약간의 성적향상을 가져왔다.(워낙에 낮은 등급이어서 그런 결과가 가능한 것이기도 할 것이다.)

활동은 더 큰 폭의, 괄목할만한 내용을 가져왔다.

하영이의 학교 생활기록부 진로 희망란에는 다음과 같은 내용이 적혔다.

(이후 '생기부'의 기록은 생략함)

---

진로희망 : 문화, 문학 콘텐츠 크리에이터

진로희망 사유 :

인터넷과 모바일로 인해 실시간으로 정보와 문화가 교류하는 세계에서 문화가 가진 경제적, 사회적, 국가적 가치가 더욱 커질 것이라는 생각으로 문학을 기반으로 한 문화 분야 전문가를 희망함. 4차 산업혁명 시대에 오히려 문학과 문화가 가진 콘텐츠의 힘이 커지고, 부분적, 기술적 능력도 중요하지만 사회 전체를 조망하고 구성하는 기획력도 중요한데 이러한 것은 문학작품이나 문화예술 작품 구성을 통해 기를 수 있을 것으로 생각함. 교내활동 중 장편소설을 집필하는 등 문학에 대한 재능을 두드러지게 보여주었으며 OSMU에 입각한 문화콘텐츠 확장에도 관심을 가짐.

---

## ● 입시 결과

문학 콘텐츠 크리에이터를 희망하였으니 이에 적절한 학과는 국문과 등을 포함한 인문(어문) 계열, 문화콘텐츠, 문예창작, 문화산업 등일 것이다.

어느 분야든 문학을 기반으로 하겠다는 것이니, 국문과도 잘 들어맞는 학과이다.

결국 중앙대, 서울과기대 문창과와 단국대, 서울 광운대, 서울여대 국문과에 학생부종합전형으로 지원하였다.

이중 4개 대학에서 1차 합격하고 면접일이 겹치는 2개 대학, 면접을 포기하고 나머지 2개 대학에 합격하였다.

짧은 시간에 이룬 좋은 결과였다.


입시 상담과 서류 준비를 진행하면서 나는 하영이가 가진 잠재력 같은 것을 확인 할 수 있었다.

학교 활동을 계획하거나 실천 하는 일, 정리하는 과정에서 누구보다도 창의적인 사고와 능력을 보여주었다.

특히 동아리 등의 행사나 활동 등의 전체적인 내용을 구성하는데 있어 남다른 기획력과 꼼꼼한 구성, 실행에 대한 현실적인 감각을 보여주었다.

이 과정을 지켜보면서 나는 하마터면, 이 아까운 재능이 묻혀 사라질 뻔했다는 생각을 했다.

다른 사람들 눈에는 왜 이것이 안보였을까.

앞에서 말한 것처럼, 이 학생은 '성적'이라는 기준으로 합격하지 않았다. 성적은 다소 부진했지만 이 기준이야말로 수치에 불과하다. 문학, 문화를 이해하고 창조할 능력으로 보자면 상위권 성적을 가진 누구보다도 우수한 자질을 갖추고 있다.

이런 것들이 필요한 시대가 된 것이다.

**1. 고등학교 재학기간 중 학업에 기울인 노력과 학습경험에 대해 배우고 느낀 점을 중심으로 기술해 주시기 바랍니다. (1,000자 이내)**

82년생 김지영을 읽고 독서토론 상을 받았습니다.

문학에 관심이 많은 저는 독서를 많이 하는데 82년생 김지영과 채식주의자를 각각의 의미에서 인상깊게 읽었습니다.

저는 문학작품을 두 가지 면에서 평가하는 습관이 있습니다. 하나는 '숨은 뜻' 찾기입니다. 이는 수학에서 방정식의 해를 찾는 것처럼 숨겨진 의미와 상징을 찾는 것입니다. 어떤 문학작품에서는 이 부분이 아주 잘 형상화되어 다가옵니다.

또 하나는 주제에 대한 제 생각을 정리하는 것입니다. 이는 그 작품의 문학적 성과와도 관계가 있다고 생각합니다.

82년생 김지영에서 숨은 뜻 찾기는 매우 수월하고 뚜렷합니다. 주제에 대한 제 생각에서도 적절하고 알맞은 내용을 가지고 있다 생각하였습니다. 이 점이 82년생 김지영을 베스트셀러에 올린 장점이 아닐까 판단했습니다.

채식주의자는 저에게 너무 어려웠습니다. 첫 번째 두 번째를 모두 찾을 수가 없었습니다.

평범한 아내가 갑자기 채식주의자가 되어 일어나는 기이한 일들은 독자의 호기심을 끌 수 있었지만 꿈 하나로 인해 평범하고 온화했던 인물의 성향까지 바뀌고 채식주의자가 된 과정은 연관관계를 추측할 수도 없고, 처제에게 본능을 자제하지 못하는 형부의 비도덕적 행동과 채식주의자는 어떠한 연관성도 없어 왜 이런 설정이 필요할까 의아했습니다. 채식주의자의 정의는 '육식을 하지 않는 사람'인데, 이해할 수 없는 방향으로 흘러가는 줄거리에서 나는 주제와의 관련성을 명확하게 찾을 수 없었고 숨은 뜻도 찾을 수가 없었습니다.

저의 문학적 능력이 부족한가 싶어, 주변 친구들과 국어선생님께도 여쭈어 보았지만 특별한 설명을 들을 수 없었습니다. '채식주의자'는 주요한 이슈이고 관심을 끌기에 충분한 소재였지만 극단적인 채식주의자로 변해가며 자신을 죽이기에 이른 주인공의 생각과 행동은 그것과 아무런 관련성도 없으며 작가가 무엇을 생각하고 썼든 적절하지 못한 주제이며 수학으로는 해가 없는 방정식이라 결론 냈습니다.

이 두 작품의 비교는 소설이 가진 문학적 개연성을 잘 이해할 수 있는 계기를 주었습니다.(997)

2. 고등학교 재학기간 중 본인이 의미를 두고 노력했던 교내활동을 배우고 느낀 점을 중심으로 3개 이내로 기술해주시기 바랍니다. 단, 교외활동 중 학교장의 허락을 받고 참여한 활동은 포함됩니다. (1,500자 이내)

'독서토론 열차학교'는 0000교육청에서 운영하는 학생체험프로그램으로 '거의 모든 것의 역사', '처음 시작하는 동양고전 입문', '지적 대화를 위한 넓고 얕은 지식', '제 4차 산업혁명'을 모두 읽고 세 개의 질문을 만드는 등의 서류심사와 면접을 거쳐 선발합니다.

저는 이 절차를 거쳐 프로그램에 선발되었습니다. '약자를 위하여, 모두를 위하여, 조국을 위하여' 라는 목적의 독서토론열차학교는 중국, 러시아, 몽골을 체험하는 긴 과정으로 운영됩니다.

저희는 중국 집안에서 고구려 유적을 탐방하며 동북공정 문제의 실체와 당시 사드 등으로 인한 한중관계를 체감하였습니다. 백두산 등정, 연길에서 조선족 학생들과 만났으며 문화체험을 통해 우리민족의 역사반경이 넓다는 것을 실감하였습니다.

러시아 우수리스크에서는 안중근의사 단지동맹지 참배, 라즈돌리노예역 고려인 추모 퍼포먼스, 발해유적지, 최재형 주거지와 이상설 유허비 헌화식 활동을 하였으며 항일운동의 거점인 블라디보스톡 신한촌에서 독립운동과정과 소련시절 강제이주의 출발점인 혁명광장을 답사하며 민족의 수난을 떠올려보기도 하였습니다.

대륙 횡단열차에서 책(소설) 쓰기, 윤동주시인의 자화상 모방시 쓰기, 바이칼 호수, 러시아 소수민족 문화교류와 토론, 종단열차 책 쓰기와 테를지 국립공원을 거쳐 울란바토르까지의 긴 여정이 이어졌습니다.

문학을 하려고 하는 저에게 이 경험은 두고두고 채굴해야 할 문학의 보물창고로 생각되었으며 세계와 역사에 눈뜨는 커다란 변화를 겪었습니다.

행사를 다녀온 후 소설을 창작하였습니다. 중국에서 만난 조선족 여성의 삶을 모델로 하여 단편소설을 창작하였는데 한국에서 겪은 취업불평등, 멸시의 시선, 자녀 유치원 입학에서의 차별적 내용을 소재로 하여 서술하였습니다. 조선족으로서 중국에서 겪은 차별, 고국이라는 한국에서 겪은 차별을 대비시켜 자신의 정체성을 고민하는 모습과 그래도 한국에 대한 애착과 동족으로서의 감정을 담아내려 하였습니다. 이 소설은 다른 두 편의 단편소설과 함께 '힘차게 나아가다'는 제목의 책자로 발간되어 도교육청에 전시되었으며 각 학교에 전달되어 학습참고 자료로 활용되었습니다. 미흡한 소설이었지만 나름대로의 자긍심을 가질 수 있었습니다.

저는 교내 양성평등 글짓기대회에 참가하여 상을 받았습니다. 82년생 김지영 사례처럼 문학이 사회문제에 많은 영향을 줄 수 있다 하는 생각으로 참가하였습니다. 양성평등 글짓기 자체가 양성평등의 필요증거임을 적었으며, 이러한 양성평등 글짓기를 하는 것이 오히려 성의 불평등을 강조하는 것 같다는 역설적 의견을 밝혔습니다. 시민의식의 성장으로 자연스럽게 양성평등이 이루어질 수 있을 것이라 서술하고 서로 사회적으로 우월하다는 관계를 주장할 것이 아니라 동일한 위치에서 보완적 역할을 해야 한다 강조하였습니다. 양성평등의 강조는 권리의 불균형이 나타나고, 과도한 여성우대 분위기가 역차별을 초래할 수 있다는 생각과 적절한 균형과 합리성이 필요하다 적었습니다. 82년생 김지영만큼은 아니지만 이런 글이 학생들에게 조금이라도 합리적 사고를 할 수 있었으면 좋겠다 생각했습니다.(1948)

**3. 학교생활 중 배려, 나눔, 협력, 갈등관리, 리더십 발휘 등을 실천한 사례를 들고 그 과정을 통해 배우고 느낀 점을 기술해주시기 바랍니다. (1,000자 이내)**

학교에서도 학급반장을 맡아 활동을 하였지만 이것과는 조금 다른 반장 활동을 저는 독서열차에서 하게 되었습니다. 여러 학교에서 모인 학생들이 자유롭게 이야기를 나누고 반장을 선출하였는데 자의반 타의반으로 반장이 되었습니다. 그리고 더불어 열차학교 자치회의 임원으로 활동하여야 하였습니다.

이 역할은 학급반장의 역할과는 아주 달랐습니다. 많은 학생들이 외국을 오랫동안 여행하는 일이었으므로 지켜야할 질서와 규칙들이 많았습니다. 또한 학교는 정해진 시간에 와서 공부하고 돌아가는 것이었지만 이 독서열차는 하루종일 같이 움직이고 함께 잠을 자는 과정이어서 며칠 지나지 않아 서로의 장단점과 불편사항이 드러났습니다. 시간이 갈수록 그룹별로 뭉치면서 소외되는 학생들이나 갈등이 생기는 그룹이 생겨나 숙소나 좌석을 바꾸어 달라거나 정해진 일정을 무시하고 행동하는 학생들이 나타났습니다. 불만이 커지며 학생들의 사이가 분열되는 게 눈으로 보였는데 그 와중에 여권 분실 사고가 일어났습니다. 몇 시간 뒤면 국경을 넘으며 여권 검사를 시작하는데, 아무도 손대지 않은 열차 속 가방에 있던 친구의 여권이 사라진 것입니다.

여권을 분실 하면 당장 귀국해야 했기 때문에 선생님께 섣불리 말씀드리기도 어려웠습니다. 저는 제가 아는 모든 친구들에게 이 사실을 알려 함께 여권을 찾았는데 끝내 찾을 수 없었고 그 친구는 얼굴이 창백해졌습니다. 사건은 선생님이 오시기 전 그 반의 한 친구가 여권을 들고 나타나며 끝났습니다. 미안해하는 기색도 없고, 오히려 슬슬 웃음을 짓던 그 친구는 자신의 것인 줄 알왔다지만 그 배경에는 여행하면서 쌓인 서로간의 불만이 있었습니다. 선을 넘지 않고 해결이 되어 다행이었지만 당사자에게 이 사건은 큰 충격이었습니다.

저는 두 친구를 화해시키고 열차 칸을 바꾸었으며 이후 유심히 살펴 문제가 발생하지 않도록 조치하였습니다.

자신에게는 사소한 장난일 수 있는 일이 다른 사람에게는 치명적인 사건이 될 수 있음을 깨달았습니다. 더욱 서로를 배려하는 마음을 갖는 것이 중요하다 생각했습니다. (996)

story 3

# 공짜 점심은 없다

———

서울과기대 / 아주대 / 단국대 / 광운대 / 가천대 합격

# 공짜 점심은 없다

서울과기대 / 아주대 / 단국대 / 광운대 / 가천대 합격

"

프리드먼은 노벨경제학상을 수상한, 시카고 학파를 대표하는 경제학자이다. 그는 '공짜 점심은 없다'는 말로 유명했다.

말년의 어떤 경제학자가 그를 점심에 초대해서 함께 식사를 하고는, 자신이 돈을 지불했다. 그가 프리드먼에게 말했다.

"이제 드디어 선생님도 '공짜 점심'을 드셨군요!"

프리드먼은 점잖게 대답했다.

"나는 그 대가로 자네의 형편없는 이야기를 2시간이나 참고 들어주지 않았나."

"

나는 경영학과에 지원하려는 학생들을 매년 만난다.

당연히 그 이유를 묻는다. 열 명 중 적어도 대여섯 명 이상은 'CEO가 되려는 꿈'을 가지고 있고 그 꿈을 이루기 위해 '경영학'을 전공하려고 한다.

자본주의 사회에서 돈을 버는 일은 정당하고, 가치 있고 보람된 일이다. 자본가나 경영자보다 노동자나 자영업자가 더 많은 세상이지만 그래도 이 세상을 '자본주의'라고 하는 것은 자본이 사회 운영의 뼈대를 이루기 때문이다. 돈(자본)이 얼마나 중요하고 또한 돈 벌기(자본 축적)가 얼마나 어려운 일인지 이 말만 가지고도 유추할 수 있는 일이다.

　나는 대부분 이러한 학생들을 격려하고, 나아가 좋은 경영자ceo가 되라고 조언한다.

## ● 돈을 벌어서 어디에 쓰려고?

이 학생들에게 나는 두 가지를 질문한다.

하나는, 돈을 벌어서 어떻게 쓰려고? 하는 질문이다. 경영학 예비 전공자들에게 이 질문은 좀 기습적인 것이었나, 뚜렷한 대답을 하는 학생들이 별로 없다.

두 번째 질문은 경영학을 전공하면 최고 경영자ceo가 되나? 하는 질문이다. 이 질문 역시 생각 밖의 질문인지 제대로 답하는 학생들이 별로 없다.

첫 번째 질문은 철학과 관련된 것이니 경영자가 되든, 안 되든 미리 생각해 두는 것이 좋겠다.

자수성가형 세계적 부호[1]인 빌게이츠는 자신이 중퇴한 하버드 대학에서 명예 졸업장과 명예박사학위를 받으면서 이런 말을 했다.

"저는 이 세상에 지독한 불평등, 즉 수백만 명을 절망에 빠뜨리는 건강과 부(富), 기회의 불균형이 있다는 걸 깨닫지 못하고 하버드대학교를 떠났습니다. 저는 하버드에서 경제학이나 정치학에 대해 많은 아이이어를 얻었으며 과학 분야에서는 괄목할만한 성과도 이루었습니다. 세계의 불평등을 줄이는데 사용할 수 있는 기술을 발전시키기는 했지만 그러나 인류의 발전을 위한 성과는 없었습니다. (………) 세계의 불평등을 줄이는 것은 인류가 이룰 수 있는 최고의 성과입니다. 하버드를

---

1 ) 자수성가형 세계적 부호가 나오는 이런 구조를 가진 나라는 얼마나 부러운가!

떠날 당시 교육의 기회를 박탈당한 수백만의 젊은이에 대해 약간은 알았지만 이루 말할 수 없는 빈곤과 가난 속에서, 개발도상국의 폐해 속에서 살고 있는 수백만의 사람들에 대해서는 알지 못했습니다. 그것을 알기까지 수십년이 흘렀습니다. (………) 불평등은 인류가 시작한 이래로 언제나 존재하고 언제까지나 존재할 것이라는 말에 저는 동의하지 않습니다.(………)

어머니는 편지에서 '가진 것이 많은 만큼 그에 대한 의무도 따른다'고 말씀하셨습니다.(………) "

꽤 긴 연설문은 사회적, 경제적 불평등을 줄이기 위해 행동해야 한다는 말을 특별히 강조하고 있다. 그리고 "자선사업에 나서게 된 것도 세상에 만연한 질병과 죽음, 무지에 아무도 관심을 두지 않는 것으로 말미암아 느낀 큰 충격 때문이었다. 모든 사람이 이러한 불평등 문제를 바르게 보아서 그 분야의 전문가가 된다면 이러한 문제들은 변할 것이라고 믿는다"는 말로 자신의 철학을 설명했다. 그리고 세계적 기부왕이 되어 이를 실천하고 있다.

이 글에서도 보듯이, 빌게이츠는 기부 정신이 투철하다. 그런데 좀 늦게서야 이를 깨닫고 실천한 듯하다.

페이스북의 젊은 창립자며 CEO 마크 주커버그는 자신의 전 재산 중 95%를 기부하며 '대부분 늙어서야 사회에 보답하려고 하는데, 반드시 해야 할 일을 굳이 기다릴 필요가 있을까'라는 말로 유명하다. 젊은 사업가들로 하여금 자본의 '사회성', 경영인의 사회의식을 돌아보게 한다.

경영자를 꿈꾸는 학생들이라면 돈을 많이 벌고 또한 이 돈을 쓸 계획도 마련해 보라 권하고 싶다. (이런 내용이 '생기부'나 '자소서' 어딘가 있다면 매우 인상적일 것이다.)

## ● 경영학을 배우면 ceo가 되나?

'경영학을 전공하면 경영자가 되나?' 하는 질문에 학생들은 대부분 머 뭇거린다.

당연히 그런 것 아닌가, 하는 생각이었는데 질문이 뭔가 좀 그리 간단해 보이지는 않는 모양이다.

"네가 알고 있는 CEO를 한 번 말해봐."

내킨 김에 말하면 또 머뭇거린다.

"빌게이츠, 경영학과 출신인가?"

"아니죠."

"스티브 잡스는?"

"아니죠."

"제프 베조스는?"

"………."

"컴퓨터 전공이지. 구글 창업자 래리 페이지와 세르게이 브린도 컴퓨터 전공이고, 알리바바의 마윈은 영어전공이고, 테슬라의 창업자 일론머스크는 물리학과 경제학을 학부에서 배우고 줄곧 물리학을 했지. 페이스북의 창업자 마크 주커버그는 심리학 전공이야."[2]

이 정도면 눈이 좀 동그래진다.

---

2 ) 유튜브 CEO 수잔 보이치키는 역사와 문학 전공, 에어비엔비 창업자 브라이언 체스키는 미술 전공, 슬랙slack의 창업자 스튜어트 버터필드와 링크드인linkedin 리드 호프만은 철학, 로지텍의 브래큰 대럴은 영문학을 전공했다. 다양한 분야의 전문가들이 기업경영을 이끌고 있는 추세는 틀림없어 보인다.

"네이버의 이해진 창업자도 컴퓨터공학이고, 애플의 팀 쿡과 카카오톡의 김범수 대표는 산업공학, 공동창업자 김정호대표는 무역학, 안철수는 의사 출신……. 이런 예는 수도 없이 많지."

"………."

"삼성 이재용회장은 역사학 전공이지만 석박사는 경영학을 했고, SK 최태원회장은 물리학 전공인데 석박사 과정은 경제학을 배웠지. 혹시 물려받을 회사가 있니?"[3]

농담반 진담반인데 학생들은 웃고 만다.

"지금의 구글, 선다 피차이처럼 전문 경영인이 있는 기업도 있어. 경영학 전공자들은 대부분 물려받거나 전문경영인 발탁으로 경영자가 되지. 그런 계획이야?"

"창업입니다."

"좋은 계획이다. 그러면 그냥 '경영학'이라고 하지 말고 어떤 분야의 창업인지, 무엇을 전공하는 것이 좋은지 생각해 볼 일이지. 전문가의 시대니까."

---

3) 우리나라의 100대 기업의 CEO 중 경영학과 출신은 36명 정도이다. 이 정도면 낮지 않은 비율이라고 할 수도 있는데, 우리나라의 100대 기업은 대부분 재벌기업이고 따라서 2세, 3세 경 또는 전문경영인 체제가 많다. 이런 특수성을 고려하면 의외로 낮은 비율임을 알게 된다. 당대에 창업한 기업의 경우에는 이와 아주 다르다.

## ● 전문가의 시대

실제로 지금은 전문가의 시대다.

내가 학생들에게 가장 강조하는 말이 '전문성'이다. 비단 경영자 문제만 그런 것이 아니다.

어떤 학생의 경우, 방송이나, 신문기자를 희망하는 경우도 많다. 이 학생들의 경로는 '신방과' 또는 '미디어 관련 학과', '언론학과'를 통해서 방송국이나 신문사에 취직하는 것이다.

그런 학생들에게, "방송국에서 어떤 일을 하고 싶어?" 이렇게 묻는다.

"그냥 기자요."

"그냥 기자가 어디 있어? 경제면 경제, 정치면 정치, 문화면 문화, 사회면 사회, 과학이면 과학이지."

"!!"

"MBC나 KBS의 탐사보도 기자 중에는 지리학과 출신도 상당수 있다."

대학마다, 비슷한 학과마다 특성이 조금씩 다르지만 미디어학부 교양과정(+핵심교양)에서는 문화, 역사, 예술, 과학, 문학 등을 두루 배운다. 글쓰기 등의 과목도 있다. 이후 전공을 배운다.

언론학부에서는 언론학, 언론 연구, 방송학, 미디어와 사회, 취재보도론, 광고 홍보학, 미디어심리학 등 다양한 학문을 배우고 전공으로 커뮤니케이션을 심화적으로 공부하는 과정이 많다.

결론적으로 말하면 '두루' 배운다. 이론과 실전 기술 등을 익히는 것이니 방송국이나 신문사에서 실무적으로 써먹을 기능기술과 이론적 토대는 좋을 수밖에 없다.

그러나 정작 중요한 것은 전문성이다. '두루 배우고 어떤 한 분야의 전문성을 강화한다'는 것도 말은 되고, '어떤 한 분야의 전문지식을 가지고 언론 실무를 배운다'는 것도 성립한다. 말하자면 초등학생을 가르치는 초등학교 선생님을 양성하는 '교육대' 과정이 전자라면, 교과과목을 지도하는 선생님을 양성하는 과정인 '사범대' 과정이 후자인 것이다. 이전에는 전자가 표준화된 코스였다면 지금은 후자가 대세를 이룬다. 경제 전문기자나, 과학 전문기자, 문학 전문기자. 스포츠 전문기자 등이 그렇다. 방송국의 간판 앵커 중에는 어학계열을 전공한 앵커도 상당수 있다.

대학에서 전공한 학과를 그대로 써먹는 경우는 사관학교, 경찰대나 교대 등 특수 대학과 면허를 받는 의사, 간호사 정도 밖에 없다. 나머지 대부분 학과의 진로는 세계와 미래를 향해 무제한으로 열려있다.

전제는 그 분야의 전문가가 되어야 한다는 것이다.

경영컨설턴트가 되겠다는 강현이의 꿈은 꽤나 오래된 희망으로 보인다. 1학년 때부터의 학교 활동이나 학습내용을 보면 그런 것을 찾을 수 있다. 그가 읽은 '17살의 경제학', '감정노동의 진실', '리더는 마지막에 먹는다', '내편이 아니더라도 적을 만들지 말라', '애덤스미스가 들려주는 국부론 이야기', '넛지', '경영학콘서트', '트랜드 코리아', 등의 책에서 그런 것을 찾을 수 있고, '왜 세계의 절반은 굶주리는가', '10대를 위한 justice 정의란 무엇인가'와 같은 책은 국제경제에 대한 이해와 기업과 개인의 사회적 도덕성에 대한 생각을 갖도록 했을 것이다.

강현이의 꿈은 '경영컨설턴트'이다.

직접 경영을 이끌어가는 것보다는 기업에서 필요한 내용을 연구 조사하여 기업경영을 개선시키는 일이 주요한 업무다. 이 직업은 경영학과 경제학에 대한 지식이 광범위하게 필요하고 해당 기업에 대한 이해와 시장과 고객에 대한 이해가 필요한 일이다.

'강현'이라는 이름은 조금 강한 느낌이 드는 이름이었지만 외모와 성격은 차분하고 곱상하여 전투적 경영보다는 경영컨설팅이 조금 더 알맞다는 생각이 들게 했다. 경영학보다는 조금 더 학구적이기 때문이다.

강현이는 1학년 '진로희망'란에 '경영 컨설턴트'하고 적었는데 '경영 컨설턴트'를 잘 아는 학생도 그리 많지 않아 좀 특이한 경우였다.

## 1. 진로희망 (1학년)

진로희망 : 경영 컨설턴트

경제 관련한 독서를 통해서 경영 부분에 관심이 많아졌으며 컨설턴트로서의 자격을 갖추기 위해 노력하고 있음. 본인이 흥미 있어 하는 외국어 분야와 관련된 경영 컨설턴트가 되어 외국 기업이나 국내기업에서 기업을 상대로 부족한 운영과 전략을 컨설팅 하고 싶어함.

## 1-2. 진로희망 (2학년)

진로희망 : 경영 컨설턴트

제주도 문화관광 활성화 및 관광객 유치를 주제로 하는 보고서에서 관광객 유치를 위한 마케팅 방법에 대해 알아보며, 컨설턴트로서의 역량을 키울 수 있었음. 학생 자치회에서 프로젝트를 진행하면서 자신의 의견을 논리 있게 전달하는 의사소통 능역을 키우며 책임과 리더십, 원만한 대인 관계의 장점을 살린 컨설턴트로서의 꿈을 확고하게 함.

구체성이 부족하다는 아쉬움은 있지만 경영 컨설턴트의 역할을 잘 표현하고, 관련된 덕목을 나타냈다고 할 수 있다. 진로 목표 그 자체가 구체적이라는 장점도 있다.

## ● 어학 능력이 뛰어난 글로벌인재

그러니 강현이의 경우에 진로에 대한 별다른 모색은 필요치 않았다.

어떻게 하면 좋은 대학에 합격할 것인가만 고민하면 될 일이었다. 불행하게도 강현이 역시 5등급대를 많이 넘는 성적이어서 입시 과정이 그리 쉽지만은 않아 보였다.

강현이가 다닌 학교는 서울 인근의 공립 D외고다.

본래 외국어고의 목적은, '어학능력이 뛰어난 글로벌인재 육성'이다.(국제고는 '국제 전문인재 양성'이 목적이다) 그렇지만 많은 외국어고가 오직 명문대 입시 준비를 중심으로 한다. 어문계열 진학은 전체 외고생의 36%에 불과하다. 과학고와 영재고 학생들의 이공계 진학률이 90%에 이르는 것과 비교하면 차이가 많다는 것을 알 수 있다.[4]

하지만 외고의 설립 목적을 넓게 보면 인문사회계열 진학까지 포함할 수 있다는 전문가들의 의견도 있으므로 섣불리 단정할 일은 아닌 듯싶다.

사립 외국어고등학교는 대체로 직접적인 입시 중심의 운영을 하고 있다. 대원외고, 명덕외고, 한영외고 등 '입결'이 두드러진 외고가 상당수 있다.

공립외고의 경우, 사립외고에 비해 상대적으로 '입결'이 부진한 편인데, 이를 '목적에 충실한 교육' 탓을 돌릴 수 있는지 모를 일이다.

D외고의 '입결'도 그리 좋지는 않다. '외고'라는 타이틀이 무색할 지경

---

4) 2014~2018학년도 교육부 자료 인용

이다. 운이 나쁠 수도 있는 일이지만 학생들 학습과 활동 내용을 살펴보면 딱히 '운'을 탓하기 어려워 보였다. 수능 모의고사 성적도 부진한 것이다.

이런 학교의 실력은 알게 모르게 대학 입학처에 자료로 쌓여있다. 입학처가 하는 일이 그런 것이었으므로.

강현이의 내신성적과 수능 모의평가 성적으로 올바르게 대학을 가기는 그래서 쉬운 일이 아니다.

## ● 변별력과 난이도

'생기부' '교과학습 발달상황'에는 학기 동안 받은 성적이 기록된다. 더불어 교과 '세부능력 및 특기사항'도 함께 기록된다.

'학종'에서 이 부분이 차지하는 비중은 다른 항목보다 월등히 높다.

강현이가 받은 성적을 분석해보면 다른 학교와는 다른 특이한 경향이 눈에 띈다.

2학년 1학기 국어(문학)의 경우, 이수단위 3에 200명가량이 수강했고 전체 평균점수는 86.5, 표준편차는 8.0이다. 강현이가 받은 성적은 87점으로 평균을 살짝 넘긴 점수다. 그리고 등급은 5등급(상위 60%)이다.

우선 국어 평균점수(86.5)가 너무 높다. 다른 학교의 경우 대부분 60~70점 사이, 50점대도 있고 높아도 70점 초반이 대부분이다. 평균이 65점 정도이고 내 점수가 66점 정도로 5등급을 받은 것은 이상한 일이 아닐 수 있다. 그런데 87점을 받아 5등급이면 그 이상의 등급은 어떻게 점수를 받았을까 궁금하지 않을 수 없다.

이는 2학기 '고전' 과목에서도 동일하게 나타난 현상이고, 영어는 85점 평균에 91점을 받아 4등급이다. (3학년 영어는 평균 89.6점에 94점을 받았는데 4등급이다!! 수행평가를 제외하고 본다면 2,3 문제 틀렸을텐데 상위 40%의 등급이 된 것이다!)

학생평가 시스템이 적절한 변별력과 난이도를 가졌는지 궁금해지는 이유이다.

대학에서 강현이의 성적을 평가하기는 그리 쉽지 않았을 것이다.

그와 달리 '생기부', '세부능력 및 특기사항'의 내용은 꽤 '임팩'이 있다.

1-3. 진로희망 (3학년-이하 같음)

---

진로희망 : IT 경영 컨설턴트[5]

한층 가까워진 세계, 단일 시장화 된 세계 경제에 있어 글로벌 비즈니스의 중요성을 실감하고 이 분야 전문가로서 우리 기업의 국제적인 도약과 경제적 성취를 이루고자 희망함. 단일 조직체계가 아닌 필요에 따라 분리, 결합하는 유연성을 가진 '아메바 경영' 개념을 수립한 일본 기업 '교세라'의 경영자인 이나모리 가즈오 사례에서 탄력적이며 유연성 있는 경영 조직과 창의적 경영 마인드의 필요성을 깨닫고 혁신적인 경영기법과 조직을 통해 신개념의 비즈니스를 만들겠다는 포부를 밝힘.

---

5) 3학년 진로희망에 특별히 'IT 경영 컨설팅'이라 적은 것은 첫째, 자신이 특화하고 싶은 분야이기 때문이기도 하지만, 입시에서 특정한 어느 학교를 염두에 둔 것이다.

## 2. 자율활동

모의창업 교내 대회에 참가하면서 먼저 가상기업 'SPECIAL STORY GOODS(약칭 SG)'을 창업하고 기업명에 명기한 대로 이야기 있는 상품을 개발하여 판매하는 것을 주요한 컨셉으로 잡음. 3.1절, 임정수립 100주년 즈음하여 우리나라 국기를 활용한 음료 제품 '태극주스'를 만들고, 유관순, 김구 사진, 그리고 임시정부 기념 뱃지, 태극기 칵테일, 독립선언 33인의 사진에 고객 모습 포함하기 등 해당 이슈에 부합하는 참신한 아이디어를 실제 판매 제품으로 기획 제작, 판매함.

이는 기존의 소품종 다량판매가 아닌 고객 취향에 맞는 다품종 소량 판매 방식으로써, 생산, 유통 등에 비용 발생이 크다는 단점이 있으므로 이를 해결하기 위한 방법으로 기존 생산품에 기념대상에 대한 로고, 이미지, 스토리 등을 추가하여 상품의 가치를 올리는 방식으로 해결함. 일반 상품에 비해 다소 오른 상품가격은 제품이 가지는 의미와 비교하여 그리 크지 않으므로 수요자들에게 많은 호응을 얻음. 하루 간 진행된 판매에서 상품은 모두 판매되었고 기대보다 많은 수익금을 얻어 이를 전액 기부함.

이 경험을 통해 실제 상품의 기획, 생산, 유통, 결산과정을 체험하고 미래 신비지니스를 계획하는 학생으로서 매우 뜻 깊은 경험이 됨.

방과후수업 탐구주제로 미디어 아트 콜라보: 장 보드리야르 시뮬라시옹의 이미지와 기호학적 접근 보고서 제출, 발표함.

현대의 모든 상품은 사회적으로 의미가 부여된 '기호가치'를 갖고 있으며, '기호가치'가 상품의 사용가치나 교환가치보다 훨씬 중요해짐을 설명함. 예시) 아이폰에 대한 기종의 기능과 성능에 따라 스마트폰을 고르는 것이 아닌 애플이라는 기호와 이미지에 따라 상품을 고르는 사람들, 안전과 속도라는 자동차 고유의 가치보다 페라리의 소비를 통해 사회적 의미를 들어내는 기호가 더 중요해짐을 발표함. 이를 통해 장 보드리야르가 예견한 현대 소비 사회에서 사물은 기호와 이미지로 그 가치가 결정되고 그리하여 우리는 실재와 동떨어진, 실재는 없고 기호와 이미지만이 넘치는 시뮬라크르, 시뮬라시옹의 시대를 살아가게 됨을 설명함. 이를 통해 현대소비 사회가 이미지와 기호에 많은 영향을 받음과 동시에 가상의 것에 본질을 잃게 되는 위험성에 대해 알림.

## 3. 동아리

모의 창업 동아리 카피소 활동보고서로 TED 강연을 듣고 '블록체인'과 '공유경제'에 관한 탐구활동을 진행함.

돈 탭스콧(Don Tapscott)의 TED강연을 듣고 블록체인이 기존 공유경제 중개자들의 설자리를 잃게 만드는 혁신을 가져올 것이라고 말 함. 4차 산업혁명의 빅데이터, 인공지능 등의 ICT기술이 결합된 초연결 사회에서 블록체인 기반의 새로운 공유경제 플랫폼이 중개자(우버,에어비엔비)가 존재하는 기존의 공유경제 시스템의 한계를 극복하고 사회적 변화를 야기할 것으로 전망함. 우버, 에어비엔비 같은 중앙 집중형 공유 서비스들은 블록체인의 파괴력에 무너질 수 있으며, 블록체인이 진정한 의미의 공유경제를 실행할 잠재력이 있음을 알게 됨. 중국과 동남아 일대의 공유경제 모델을 조사함.

## 3. 세부능력 및 특기사항 (수학-이하 생략)

수학적 원리의 활용 능력이 우수한 학생으로, 확률과 통계 단원에 대한 학습과 실제 사례를 중심으로 교내 통계대회에 3인 1조로 참가하여 주어진 과제를 해결함.

유명 치킨 브랜드 4사의 네이버 트렌드의 검색 량과 4사의 매출 량의 관계를 분석하는 통계를 계획함. 이 둘의 관계를 빅데이터로 파악하기로 계획하고 네이버 트렌드에서의 4사의 검색량을 조사하여 엑셀로 그 데이터 값을 옮긴 후, 통계의 편의를 위하여 각각의 치킨 브랜드의 데이터를 합으로 표현함. 상관분석이란 두 변수간의 관계가 있는지 알아보는 것으로 1에 가까우면 관계가 크다는 것을 뜻하는데 2018년 대한민국 치킨 소비 즉 매출량을 조사하여 각각의 치킨브랜드와 매치를 시켜 첫 번째로 검색 량과 매출 퍼센트를 상관분석을 통해 확인함.

상관분석 결과 0.999506으로 1에 굉장히 가까우므로 두 변수, 검색 량과 매출 퍼센트는 관련이 있음을 확인하고 상관분석의 그래프를 그려 계속해서

증가하거나 감소하는 일차함수 그래프의 계량을 띠는 것으로 두 변수의 비교
는 유의미하다는 첫 번째 결론이 내림.

　두 변수를 회귀분석을 통해 통계적으로 함수를 풀어낸 후 . X축을 검색
량으로, 매출 퍼센트를 Y축, 신뢰구간은 95%로 설정한 후 회귀분석을 실
시함.

나무랄 데가 없는 '생기부' 내용이다. 문제는 '적절한 균형'이다.

'적절한 균형'은 인도의 작가 '로힌턴 미스트리'가 쓴 소설로 세계 25개
언어로 번역된 명작이다. 인도 사회의 모순적 구조와 사람들의 삶을 밑바
닥 인생을 통해서 아주 미려하고 세밀한 필치로 그려낸 수작이다. 사회적
균형과 인간의 내면적 균형을 중첩하여 그리면서 매우 뛰어난 문장을 구
사하고 있어서 글의 아름다움을 느끼게 한다.

'적절한 균형'은 어디에서나 필요하다. 앞장에서 보여준 교과 세부능력
과 실제 성적과의 적절한 균형은 강현이에게 있어 어떤 개연성을 부여할
조건이 된다.

그러므로 가장 필요한 일은 한 학기 남은 3학년 1학기 때 성적을 올려
기록 내용과 '적절한 균형'을 맞추는 일이다.

그 이유와 필요성을 설명하였고, 그 일은 전적으로 강현이의 몫이었다.

이제 할 수 있는 일은 거의 다 했다.

IT 경영 컨설턴트에 맞추어 교내 여러 활동이 제대로 진행되었고 기록 준비도 되었다.

균형만 맞으면 될 일이었다.

"거의 목적지에 다다라 간다."

1,2학년 때의 활동에서 괄목할만한 것을 빼내서 자기소개서의 골격을 잡고, 3학년 생기부 내용의 줄거리를 맞추고 나니, 그래도 제법 그럴싸해서 웬만하면 잘 될 것 같은 느낌이 들었다. 이즈음에 느끼는 이런 기분은 사실 나보다 학생의 입장에서 더 강할 것이다. 강현이 역시 마찬가지다. 뭔가 되어간다는 느낌이 들었을 테니까.


지원 대학은 언제나 학생 위주다.

나는 가이드라인을 제시하는데 그 기준은 좀 높은 편이다. 학부모님들의 희망은 그때마다 조금씩 다르다. 어떤 분은 기대치가 높은 반면 그 반대의 경우도 많다. 학부모님들의 기대는 말 그대로 '감각적 희망치'라 할 수 있다. 특별한 정보가 없기 때문이다. 특히 '학종'의 경우는 어느 입시기관을 가 봐도 평가가 다 다르다. 학원으로서도 가늠할 수 없으니 그럴 수밖에 없을 것이다. 그러다가 결국 지원 기준은 '내신 성적'으로 회귀한다.

이것은 학교도 대부분 마찬가지이다. 일단 '학종'으로 성공한 사례가 많지도 않고, 있어도 성공의 배경이 무엇인지 딱히 말하기 어렵기 때문이다. 그래서 결국 학교의 '학종' 배치 기준도 '내신 성적'으로 수렴된다!
(학원이나 학교나 이것은 상당히 큰 문제이다!)

나와 학생, 학부모님의 의견이 각각 분분한데 가장 겸손한 것은 학생이다.(가끔 그렇지 않은 경우도 있기는 하다.) 일종의 자기 검열이 작동되는 탓이다.

나는 강현이의 지원대학으로 서울시립대, 동국대, 아주대, 서울과기대, 숭실대, 국민대 등을 추천했다. D외고 5등급 후반대의 성적으로 평소 기대도 하지 못했던 학교일 것이다. 그러나 나로서는 이제까지의 지원 사례와 합격가능성을 염두에 둔 추천이었다. 물론 어느 정도라도 3학년 1학기 내신 성적을 올린다는 것을 전제로 한 배정이다.

부모님은 기대가 높아진 상황이었는데, 강현이는 이 중 몇 개의 대학을 빼고 광운대, 가천대 등을 지원학교로 넣었다. 역시 좀 '쫄렸던' 모양이다.

"열심히 준비했는데, 잘못하면 이걸 다 버려야 한다."

"버려요?"

"네 성적과는 매우 안맞는 내용이어서, 이렇게 써놓아도 대학에서는 별로 믿지 않을 거다."

"그럼 어떻게?"

"믿게 만들려면, 성적을 올려야 하지."

"………."

"공짜 점심은 없다. 대가 없이 얻을 수 있는 게 어디 있어?"

목표가 손안에 있음을 느껴서인지 강현이의 태도는 몰라보게 달라졌다. 이상한 정도의 성적분포 속에서도 기말고사에서 3.8 등급으로 성적이 올라갔고 나는 거의 합격했다는 생각을 가질 수 있었다.

그리고 지원한 대학 중 아주대 경영학, 서울과기대 경영학과 비롯한 4개 대학에 합격했다. 날개를 단 셈이다.

　교내 활동으로 '학생들의 수입과 소비성향' 설문을 작성하고 이에 대한 '분석보고서' 낸 일을 기술(記述)하면서 경제학에 대한 인식, 통계를 다루는 기술적 문제를 언급하였는데 이는 여느 자기소개서와는 확연히 구별되는 특징을 가졌을 것이다.

　특히 이 활동을 하면서 자신이 가진 수학(통계학), 경제학적 지식을 동원하고 활용한 내용은 강현이의 수학능력, 전공적합성, 발전가능성을 최대치로 보여주었을 것이다.

　교내 가상기업 활동은 예비 경영자 또는 경영컨설턴트로서의 도전 정신과 기획력, 실천력을 보여주었으며 활동 분석은 경제경영학적 관점에서 이루어졌다.

　2020학년도 대학입시에서 이런 활동내용과 자기소개서를 가진 학생은 몇 명일까?

　내가 강현이의 합격을 자신할 수 있었던 배경은 내용성 있는 '생기부'와 바로 이것, '자기소개서'이다. 결과는 예상대로 되었다.

**1. 고등학교 재학기간 중 학업에 기울인 노력과 학습경험에 대해 배우고 느낀 점을 중심으로 기술해 주시기 바랍니다. (1,000자 이내)**

수학시간에 '학생들의 수입과 소비성향 분석보고서'를 작성하면서 설문조사 하고 통계 내는 것으로 단순히 생각했는데 이를 진행하면서 경제학과의 관련성을 아는 계기가 되었습니다.

설문 내용은, 지출에서 가장 많은 비율을 차지하는 요인, 결제 방법, 일주일 동안의 수입 지출 등의 항목을 조사한 것입니다.

수입과 지출 통계를 내어 확률표를 만들고, 수입, 지출에 대한 평균과 분산 표준편차를 차례로 구했습니다. 아이들의 수입과 지출에 관한 임의의 계급값 이산 확률변수를 X라 두고, X의 확률 질량함수를 설정한 확률표를 작성하였습니다. 그래프를 그려 분산과 표준편차에 의해 달라지는 수입 지출 그래프의 흩어진 정도와 분포를 확인하고 수입, 지출 평균값을 각각 구하여, 이 둘을 이용해 학급의 소비성향을 분석 하였습니다.

케인스의 소비성향 이론에 따라 지출평균/수입평균으로 볼 때 같은 반 학생들의 대략적인 소비성향은 17,400/19,400, 약 0.896으로 1에 가까운 성향을 띠며, 이는 일주일 수입의 대부분을 소비한다는 것으로 해석할 수 있었습니다.

나아가 우리나라 '실업률'과 'GDP대비 민간소비' 관계를 통해 소비성향을 확인하고자 하였습니다. 상관분석, 회귀분석, 산점도를 통해 '실업률이 늘면 민간소비가 줄어들어 GDP대비 민간소비 감소의 원인이 된다'는 가설을 세워 두 원인과 결과 사이의 관계성을 알아보고자 하였습니다. 산점도와 회귀분석을 통해 두가지 데이터를 그래프로 표현하여 수학적으로 통계적 가치가 있는지 확인하고 '원인'X의 변화에 따라 '결과'Y가 어떻게 달라지는지 분석하였으며, 상관분석을 통해 상관계수 절대값 r에 따라서 '실업률'과 'GDP대비 민간소비'의 상관성을 알아보았습니다. 이러한 통계적 실험은 학교에서 실시했던 통계대회의 경험을 바탕으로 찾아냈던 한계점을 극복하는 더 가치 있는 통계적 분석이라 할 수 있었습니다.

경제학은 결과치에 대한 분석과 예측에 관한 학문이며 수학은 그 과정으로의 역할을 한다는 점을 이해하고 수학의 중요성을 깨닫게 되었습니다. (995)

---

2. 고등학교 재학기간 중 본인이 의미를 두고 노력했던 교내활동을 배우고 느낀 점을 중심으로 3개 이내로 기술해주시기 바랍니다. 단, 교외활동 중 학교장의 허락을 받고 참여한 활동은 포함됩니다. (1,500자 이내)

경영경제에 대한 실제체험을 얻을 목적으로 가상기업 'SG'를 창업하였습니다. 기념할만한 일들을 스토리화 하여 이를 상품으로 연결하였는데 1학년 때 경영학 동아리에서 조사한 사회적 기업 '마리몬드'를 모델로 하였습니다. '이익의 절반이상을 정신대문제 협의회와 위안부 역사관 건립 기금, 위안부 할머니들의 생활복지 기금으로 사용하고 캠페인제품의 순수익금 전액을 기부'하는 마리몬드의 기업철학에 감명을 받았고 사회적 의미를 담는 상품의 가치에 공감하였습니다.

상품구성은 기념할만한 인물이나 사건을 시각화하여 그에 맞게 스토리를 만들고 상징하는 굿즈(goods)를 제작하여 판매하는 것입니다. 단순 영리 목적을 넘어 기억에 남기고자 하는 내용을 상품화함으로써, 무형의 가치를 상품에 담는 것이 목적이었습니다. 이러한 시도를 통해 저희는 콘텐츠와 상품의 결합이라는 형식이 실제 시장에서 의미있는 결과를 낼 수 있을지 확인해보고자 하였습니다.

그렇게 구성한 것이 자체 제작한 3.1절 텀블러, 임시정부 요인 초상이 새겨진 컵, 대형 태극기 만들기, 책갈피, 엽서, 태극주스 등이었습니다. 시기적으로 적절한 아이템이라 생각하였습니다.

결과적으로 가상기업 SG는 하루의 사업기간 동안 총 15만원의 수익을 남겼습니다. 이 결과는 최초의 사업이라는 측면에서 한편으로는 대견 하였지만, 다른 한 편으로는 씁쓸한 느낌을 저희에게 주었습니다.

총 6명의 인원이 두 달 간 사전 기획하고 상품을 조달하고 광고, 판매하여 사업을 진행하였는데 결과적으로 참여 인원의 최소임금 기준으로 보아도 한참 모자라는 결과였습니다. 더구나 임대료, 경상비 등은 전혀 고려하지 않은 계산이었습니다.

저희들은 이 문제를 분석하는 작업에 들어갔습니다. 우선 사전 시장조사가 미흡하여 수요 예측을 하지 못한 점이 있었고, 이 점은 재고의 발생과 반품으로 처리되어 순이익을 감소시켰습니다. 많은 수요가 있었던 텀블러의 경우는 반대로 공급이 받쳐주지 못하여 이 또한 순이익의 감소로 이어졌습니다.

크게 보아 시장분석, 이에 따른 선택과 집중이 부족하였음을 확인하였습니다. 나아가 저희가 했던 '다품종 소량 생산' 방식의 사업 특징을 확인할 수 있었는데 대량생산에 비해 다품종으로 소비자가 다양한 사양을 가진 제품을 구매하는 선택의 폭이 넓어지는 장점이 있지만 생산, 관리, 재고, 유통비용 등이 높고 상대적 비용 소모가 많아 제품가격이 높아지고 소비자 부담이 늘어나는 단점이 있음을 알게 되었습니다. 사업 전 과정에서 고려해야할 많은 요소들을 직접 체험한 소중한 시간이 되었습니다.

2학년 때 한 '미래사회변화 파악하기' 활동은 미래산업에 대해 생각하는 기회가 되었습니다. 인공지능과 로봇 등의 신산업 분야가 활성화 되면서 우리 사회의 실질적 변혁이 시작되었다 생각할 수 있었습니다. 따라서 거의 모든 사업 분야가 재편될 것으로 생각하였으며 우버와 에어비엔비의 사례를 통해 4차 산업혁명 퍼스트무버들의 기민한 대응을 공부하였습니다. 그리고 이것은 플랫폼 비즈니스 등 새로운 비즈니스 모델을 공부하는 계기가 되었습니다. (1494)

**3. 학교생활 중 배려, 나눔, 협력, 갈등관리, 리더십 발휘 등을 실천한 사례를 들고 그 과정을 통해 배우고 느낀 점을 기술해주시기 바랍니다. (1,000자 이내)**

저는 학교 기숙사 대표를 맡게 되었습니다. 전교생이 기숙사 생활을 하기 때문에 기숙사 운영은 학교나 학생들에게 매우 중요한 생활의 한 부분이었습니다.

대표로서 저는 학생들이 자율적인 참여를 통해 만족스럽게 생활하고 공부

할 수 있는 분위기를 만들도록 하는데 중점을 두었습니다.

학급 생활과는 달리 기숙사 생활은 많은 다른 문제를 가지고 있었습니다. 그 중 제가 고민했던 내용은 4인실 숙면에 관해서 룸메이트와 관계가 나빠지는 경우였습니다.

시험기간이 아닐 경우 새벽까지 점등을 할 수 없게 모든 빛을 차단하지만 개인 스텐드를 활용해 밤늦게까지 공부하는 학생들과 그렇지 않은 학생 간 갈등이 많았습니다.

저는 이 문제를 해결하기 위해 거의 모든 학생들의 의견을 브레인스토밍 방식으로 들었습니다. 그 중 문제 해결방법으로 책상과 침대 사이에 커튼을 설치하여 빛을 막도록 하는 방안이 나왔지만, 모든 방에 설치하는 비용과 빛 이외에도 부스럭거리는 소리로 취침이 방해될 경우가 많아 채택하기 어려웠습니다.

보다 근본적인 방법을 다시 고민해 점등방과 취침방으로 구분하여 시험기간 이외에도 각자의 선택에 따라 사용할 수 있도록 조치하였습니다.

다른 문제로는 남자가 약50명 정도 밖에 되지 않기 때문에 만났던 친구들과 한번 더 룸메이트가 되어 똑같은 문제로 갈등을 겪는 문제가 있었습니다.

이 문제 해결을 위해 저는 해당 방에서 지켜야 할 규칙, 목표를 적는 종이에 추가로 서로에 대해 알아야 할 점, 조심해야 할 점 등 추가 항목을 만들어 서로 소통하도록 조치하고 기숙사자치회의 의결을 거쳐 제도화함으로써 기숙사 문제 상당수를 해결하였습니다.

나아가 서로 이해하고 배려할 수 있는 환경조성을 위해 기숙사 팀빌딩 대회를 개최하였는데, 혼자는 수행할 수 없고 힘을 합쳐 수행해야 하는 여러 가지 게임과 활동을 통해 서로에게 협력적인 존재가 됨으로써 갈등의 소지를 줄여 '좋은 리더'라는 말을 들었습니다. 문제의 본질을 정확하게 이해하고 제도적으로 이를 개선하는 일이 중요하다는 점을 깨달았습니다. (998)

story 4

# 낭만적 열정으로 이룰 수 있는 일들

## - 피그말리온 신화의 전말

광운대 / 서울여대

# 낭만적 열정으로 이룰 수 있는 일들 - 피그말리온 신화의 전말

광운대 / 서울여대

"

그리스 신화에서 피그말리온은 키프로스 섬의 왕이며 뛰어난 조각가이다. 당시 키프로스 섬의 여성들은 미의 여신 '아프로디테'의 노여움을 사서, 여행객들에게 몸을 파는 저주를 받고 있었다. 피그말리온은 자신이 이상적으로 생각하는 여인의 모습을 조각상으로 만들어 '갈라테이아'라는 이름을 붙인다. 그리고 그 조각상과 사랑에 빠진다. 조각상에 많은 애정과 정성을 쏟지만 돌로 만든 조각상이어서 피그말리온의 사랑은 안타까움을 더한다.

피그말리온은 아프로디테를 찾아가 '갈라테이아'에게 생명을 불어넣어 줄 것을 간청하였고 아프로디테는 '갈라테이아'에게 생명을 불어넣어 사람으로 변하게 된다.

"

애초부터 대학에 뜻이 없는 학생이라면 모를까, 대부분의 고등학생은 '대학'에 가는 것을 목표로 한다. 유례없는 우리나라의 교육열은 가히 세계적이다.

그 배경은 '학벌사회'다. 우리 사회는 보이지 않는 '학벌의 사슬'로 아주 긴밀하게 연결되어있다. '학벌사슬'은 상류계층으로 가는 고속 승강기 역할을 하는가 하면 때때로는 넘을 수 없는 장벽의 역할을 한다.

앞으로는 점차 탈색될 것이고, 또 그러길 바라지만, 현재 우리나라 '학벌의 벽'은 너무 높고 강고하여 많은 사회적 불합리와 비효율을 초래하고 있다.

'학벌 사슬'을 몸소 체험하거나, 알고 있는 학부모님들의 입장에서는 어떻게 해서든 좋은 대학에 자녀를 입학시키고 싶은 강렬한 마음이 있다. 자녀들의 수월한 입신과 편안한 인생을 바라고 싶으신 것이다.

대학 희망의 절반쯤이 이런 배경에서 시작된다 싶고 나머지 절반은 자신의 재능을 '절차탁마' 하려는 희망으로 대학 진학을 원한다 생각한다.


어떤 입장에서건 대학에 진학하고자 하는 학생이 입학 정원보다 많고 특히 상위권 대학의 문은 더욱 좁아서 경쟁에 불꽃이 튄다.

그리고 어김없이 '낙오자'가 생긴다. (이런 '낙오자'라는 말은 적절치 않다. 빌게이츠나 스티브 잡스는 대학을 중간에 그만 두었지만 '낙오자'라는 말을 듣지는 않는다. 우리나라에서는 가끔 듣는 단어다.)

## ● 스티그마 효과

'피그말리온 효과'는 '무엇이든 간절히 염원하면 이루어진다'는 뜻으로 쓰이며 심리학적 측면에서 때때로 '로젠탈 효과'와 혼용해서 쓰인다. 로젠탈 효과는 '칭찬은 고래도 춤추게 한다'는 말과 일맥상통한다. 긍정적 에너지를 얻도록 하면 그에 부응하는 것이 대부분의 사람들이다.

그러니까 사람들, 특히 성장기의 학생들은 두 가지 정도의 에너지가 필요하다.

하나는 자신이 뭔가 꼭 해야겠다는 간절한 열망이다.(대학에 가겠다는 열망, 대학 입시에서 합격하겠다는 열망도 포함된다.) 목표 없이 무언가 이룬 사람은 아무도 없다. 목표가 없으니 이룰 것이 없는 것이다.

두 번째는 이를 북돋워주는 긍정적 에너지의 제공이다. 학생 주변에서 해야 할 일이다. 학생이므로 주로 부모님, 학교 선생님의 역할이 가장 크다고 할 수 있다.

성적이 우수한, 모범생의 경우 이 두 가지 조건은 쉽게 충족된다. 첫 번째는 자기 스스로 그런 동기부여가 이미 되어 있을테니, 자연히 충족이 된 셈이다.

이처럼 성적이 우수한 학생은 자동적으로 '모범생'이 되는 것이 우리 사회의 무조건적 관습이다. 뭔가 좀 인성이 덜 된 것 같은 이기적 행동이나 일탈적 행동도 성적이 우수하면 그런 것들은 모두 사소한 '실수'나 '오해' 정도로 넘어갈 수 있다.

두 번째, 긍정적 에너지도 염려할 것이 없다. 학교 선생님은 말할 것도 없고, 부모님, 일가친척, 친구의 부모님, 주변의 친구들, 멀리는 그를 아는 다른 학교의 친구들까지 기대에 찬 희망의 메시지를 주고 있으니까.

성적이 우수하지 못한 학생들이 이러한 두 가지의 조건을 충족하기란 그리 쉽지 않다.

자기 스스로 목표와 성취동기가 있어야 하는데, 있을 리가 없고 적절한 조언을 얻기도 쉽지 않다. 만약 무언가를 하고 싶다고 하면,

"네가?"

"그 일을?"

이런 말을 듣기가 십상이다. 입시에서도 마찬가지여서,

"서울 K대를 가고 싶어요." 하면,

"그 성적으로?"

바로 그런 힐난에 직면한다. 그러면서 성적을 올리거나, 대학에 합격하는 방법에 대한 것은 어느 것도 제공하지 않는다.

첫 번째, 성취동기를 얻지 못하는 것은 물론이고 두 번째, 긍정적 에너지를 얻고 싶은데 긍정은커녕, 부정적 책망을 듣기 일쑤다. 몇 번 그러면서 아주 낮은 수준으로 자존감이 쪼그라든다. 그리고 자신에 대한 그런 사회적 인식을 어느 순간부터 가감 없이 수용하게 된다. 적응한 것이다.

'잘한 것에 대한 보상인 긍정적 강화가 잘못한 것에 대한 처벌인 부정적 강화보다 훨씬 바람직한 변화를 불러온다'는 스키너의 주장을 다시 생

각해볼 필요가 있다.

이 학생들이 잘못한 일은 별로 없다. 그저 단순히 성적이 안 좋은 것일 뿐이다.

'학생신분이니 성적이 전부지' 하고 말 할 수도 있을 것이다. 그러나 성적만으로 이 학생들의 가능성을 모두 부정하는 것은 너무 억울한 처사다.

## ● 낭만적 열정도 열정이다

하늘이는 이 경우에 해당하는 학생이다.

성적이 낮은 학생들 대부분이 그런 경우이기는 하지만 하늘이가 다른 학생들과 조금 다른 점은 하나 있다.

너무나 대학을 가고 싶어 한다는 것이다.

이 열망이 적절한 것이지는 모르겠다. 5등급을 벗어나는 성적의 학생들은 대부분 '대학을 가고 싶기는 한데 어렵다'거나, '뭐 그저 그런 대학이나 전문대에 가야한다'거나 '결국 못 갈 거야'하고 생각하는 경우가 많다. 어떤 의미에서건 강한 '열망'이 있다고 보기 어렵다.

그런데 하늘의 경우엔 '꼭 가고 싶다'는 마음이 매우 강하다.

상담 당시에 전공이 뚜렷이 정해지지 않았고, 미래의 직업도 없던 상태이고, 자아의 완성이나 어떤 분야의 전문가를 희망한 것도 아니기 때문에 나로선 단순히 '대학'이라는 것에 대한 '낭만적인 열망' 정도로 생각할 수밖에 없었다. 대학가면 신나게 놀 것 같은, 그런 느낌.

하늘이가 고등학교 진학에서 서울 근교의 이 'D외국어고등학교'를 택한 것도 그런 '낭만적 성향' 때문이 아니었을까 짐작하기도 하였다.

그러나 그 또한 열망의 동기가 될 수 있고 이것을 도화선으로 하여 대부분 더 좋은 발전의 계기를 마련하곤 한다.

백종원은 대학 때 아르바이트하던 호프집에서 시작하여 '요식업계 일인자'까지 나아갔고 대학 공부에 별 관심이 없었던 스티브 잡스는 '글씨

체'에 빠져 맥킨토시를 만들게 되었다.

세계적 영화감독 반열에 든 봉준호는 '씨네21'과의 인터뷰에서 초등학교 시절에 '만화 애독자였고, 도라에몽 아류작 같은 만화를 그리면서 자가 발전했는데 이게 콘티였다'고 한다.

하나의 작은 계기가 대가를 만든, 이러한 사례는 무수히 많다.

하늘이에게 있는, 있을 수 있는 '계기'는 무엇일까.

하늘이 경우는 입시전략을 처음부터 시작해야 하는 경우다.

성적과 학교생활 내용을 정리하여 상태가 어떤지 파악했다. 그런 상황에서 가장 효율적인 대학 진학 방법을 고민해야 할 상황이었다.

우선 진로를 어떻게 할 것인가가 가장 큰 문제다.

하늘이는 D외고 '중국어반'에서 공부했다.

"중국어는 왜 선택했어?"

"선택이라기보다는 성적순 커트였어요."

"………."

"어떤 학과에 가려고 해?"

"가능하면 미디어 계통인데……."

말줄임표 에는 '그저 희망일 따름이죠'하는 체념이 숨어있다.

"뭘 하고 싶은데?"

"딱히 있는 건 아닌데, 방송이나 미디어 관련요."

그러면서 자신이 생각하는 대학 명단을 꺼내 놓았다.

동국대, 아주대, 국민대, 가천대 등이었다.(자기검열 같은 것은 없었다.)

눈에 띄는 것은 학과가 없다는 점이었다. 그런데 마지막에 있는 한국외국어대에는 '말레이, 인도네시아 통번역학과'라는 학과가 적혀있었다. 일단 얼른 보기에도, 매우 어림없는 목표로 보인다. 정말 '순수한' 희망사항, 그 자체였을 것이다.

"학과는?"

"갈 수만 있다면 어느 학과나 괜찮아요."

"외대는 학과가 있네?"

"글로벌캠인데 그 중 컷이 낮아서요."

"하하하."

간단히 정리하면 어느 학교든, 어느 학과든 합격만 된다면 지원하겠다는 말이다. '이건 아닌데' 하는 생각이 든다.

## ● 하나의 스토리를 만드는 일

이런 경우에는 일단 이제까지의 활동이나 공부 내용을 하나의 키워드로 정리해 보는 것이 중요하다. 그에 따라 생각과 활동의 스토리에 죽 꿰어보는 것이 먼저 해야 할 일이다. 그런 기록들을 살려서 뭔가 하나의 지향점을 만들 수 있다면 가장 좋은 경우가 된다.

하늘이는 1학년 심리상담가, 2학년 큐레이터라는 진로 계획을 가지고 있다. 특별히 의미있는 기록은 아닌 걸로 볼 수 있다.

가지고 있는 1,2학년 동안의 활동과 공부내용에 눈에 띄는 것은 다음과 같은 내용들이다.

① 학급 특색활동에서 '청소년의 언어문화'를 주제로 몇 주간의 프로젝트 활동과 발표회를 가짐.

② 학급 문집 제작에 참여하여 심리학 내용을 소개함.

③ 대만 교류활동 환영행사를 마련함. 문화에 대한 이해력을 높임.

④ 중국 가요 경연 행사에서 경연자 및 행사 운영자로 참여함. 중국가요를 부름.

⑤ 관심국가의 언어와 문화 탐구 프로그램에 참여하여 공부함.

⑥ 중국어 회화에서 처치문을 배우고 문법보고서를 작성함.

⑦ 영어회화 시간에 자문화중심주의와 문화상대주의에 대해 발표함.

⑧ '문화현상 프리젠테이션'에서 '뷰티 유튜버' 주제로 발표함.

…….

이런 활동을 한 줄로 꿸 수 있는 단어는 아마도 '문화'가 가장 적당할 것이다. 하늘이의 어학분야도 중국어였으니 문화와 중국을 잇는다면 그래도 뭔가 스토리가 될 만한 것이 있을 것이다.

그 맥락에서 부족한 내용은 3학년 활동으로 보강해도 되는 일이다.

하늘이에게 '중국문화'와 '문화콘텐츠'를 권하게 된 배경이다. 그리고 그 분야에서 배우는 내용과 진로에 대해 자세하게 설명했다.

가을이는 본래 '합격'이 된다면 무엇이든 하겠다는 태도였는데, 그래도 내가 보기에는 이 관련 분야가 가장 합격 확률이 높아보였고 이래저래 하늘이의 진로는 그런 방향으로 정하게 되었다.


그 다음에는 합격 여부를 따져봐야 한다. 5,6년간 축적된 '학종' 관련 합격과 불합격 데이터가 있어 어느 정도는 가늠이 가능하다.

많이 부족한 경우였지만 3학년 1학기 동안 어느 정도 활동성을 채울 여지는 있었다. 어려운 상황이었지만 다른 도리가 있는 것도 아니어서 거기에 운명을 거는 도리밖에 없다.

하늘이는 다행히 활동을 매우 열심히 해나갔다. 누구보다도 절박한 심
정이었으므로 태도는 자연히 진지하고 적극적이었다.

하늘이도 강현이와 마찬가지로 마지막 시험성적을 올리는 일이 꼭 필
요한 상황이었다. 학습량도 정하고, 시간도 정해 공부하도록 했지만 끝내
성적은 제자리걸음을 하고 말았다. 학습은 두뇌의 활동과 관련성이 있어
서 꼭 노력만 가지고 안 되는 경우도 가끔 있긴 하다.(하늘이가 지나치게 '낭
만적'인 것에도 그 이유가 있을 것이다. 대부분의 경우 최상위권의 경우만 아니라
면 노력에 따라 성적은 올라간다.)

이런 경우 많은 고민이 따른다.

'생기부' 기록은 학교 선생님들께서 하시는 일이어서 그 수준이나 시각
을 선생님에게 맞출 수 있다. 활동만 좋다면 그럭저럭 좋은 기술이 가능
한 것이다.

그러나 '자기소개서'는 학생이 직접 쓰는 것이다. 성적 수준을 고려하
지 않을 수 없는 것이다.

그렇지만 하늘이의 경우에는 어느 정도 위험을 무릅쓰는 수밖에 없다.
성적 수준으로 맞추면 어차피 눈에 들기가 어려울테니까.

결국 성적이 안 좋으면 이래저래 위험부담이 커지게 된다.


하늘이 3학년 동안의 '생기부' 주요 기록은 다음과 같다.

1. 진로희망 (3학년-이하 같음)

진로희망 : 동아시아 문화연구원

한층 가까워진 지구촌 전체에서 아시아, 특히 동아시아의 역할과 중요성이 매우 커졌으며 앞으로도 세계 운영에서 중심적 역할을 하게 된다는 점을 알고 이 분야에서의 진로를 찾아보았으나 가지고 있는 지역적 비중에 비해 중국, 일본을 제외하고는 동아시아에 대한 연구와 교류 등이 많지 않음을 깨달음. 중국과 아울러 말레이, 인도네시아, 싱가포르 등은 지리적으로 멀지 않고 자연자원과 경제 발전 가능성이 매우 높다는 점을 자료를 통해 이해하고 '동양사상의 이해' 강의 수강, '인도네시아와 말레이시아 소비문화' 등의 독서를 통해 관련지식을 공부함.

동아시아 지역의 가치와 특성을 문화, 학술적으로 연구하여 경제적 협력관계를 발전시키는 분야에서 일하고자 하는 포부를 가짐.

2. 자율활동

동아시아 연구를 기초로 하여 문화산업 교류 등을 희망하는 학생으로서, 학급저널 제작에서 동아시아 국가인 '말레이어와 인도네시아어의 역사', '말레이시아 차(茶)문화'와 '정치 체제' 세 가지 주제로 자료를 게재함. 동아시아 인도네시아에서 거주 자바인들이 말레이시아로 이동하며 말레이인이 형성되었고 말레이시아는 영국, 인도네시아는 네덜란드에게 지배받으며 말레이어가 공용어가 되었다가 독립 후 다시 나뉘게 된 사실로 정치 상황에 따라 언어와 문화가 달라질 수 있음을 깨달음. 말레이시아의 '떼 따릭' 등 이들 나라의 차 문화와 관습 등을 배우며 역사적 사실과 문화적 배경을 공부해야 하는 필요성을 절감함. 학급저널을 통해 학습 내용을 간결하고 핵심적인 내용으로 적절하게 기술하고 표현하는 방법을 보여줌으로써 많은 친구들의 칭찬을 들음.

맹자 읽고 토론하기에서 양혜왕 상편에 인용된, '인격이 낮은 사람은 지도자가 될 수 없는가?'라는 논제에 대한 토론에서 인의 사상 입장에서 생각했을 때 '윗물이 맑아야 아랫물이 맑다.'라는 말처럼 사람들은 어떤 대상을 본받아 행동하기 마련이기 때문이라는 맹자의 '인의 사상'을 근거로 입론을 정리하여 발표함으로써 중국문화의 연원과 사상에 대한 깊은 학습내용을 활용할 수 있는 능력을 보여줌.

한 나라의 역사와 문화는 통치이념으로 반영되는 경우가 많고, 다른 한편으로는 이러한 통치이념이 역사와 문화에 역으로 영향을 주어 새로운 역사, 문화를 발전시키는 경우가 많음을 이해하게 됨. 그러므로 한 국가와 사회를 잘 이해하기 위해서는 그 나라의 역사와 문화를 이해하는 일이 매우 중요하다는 사실을 깨닫게 됨.

쓰레기로 인한 국제적 피해 보고서 : 학급역할 보고서 작성에서 학급의 분리수거를 담당한 경험을 기초로 하여 우리나라의 쓰레기문제와 결부된 국제적인 피해를 알아보고 이를 개선하고자 하는 내용의 보고서를 작성함. 우리나라 쓰레기를 주로 수입하던 중국에서 재활용 쓰레기 수입 금지 결정을 내린 후 중국으로 수출되던 재활용쓰레기가 고스란히 말레이시아를 비롯한 동남아 국가들로 옮겨지게 됨을 파악함. 동남아 국가들은 환경에 보다 취약한 국가들이고 쓰레기 처리 기술 등이 낮은 수준이어서 해당 국가와 해양 환경에 미치는 영향이 전체적으로 더 심각하다는 사실을 통계와 자료에 입각하여 보고서를 작성함. 사실성을 바탕으로 환경 문제에 대한 경각심을 환기시키고 자료 발표의 구성과 내용 작성에 구체적 수치와 통계 등을 인용하는 등 모범적 사례를 보여줌. 하나의 국가적 문제는 결국 한 국가의 문제가 아니라 인근 국가들과의 관련성이 매우 밀접한 국제적 문제임을 인식하고 권역별 국가들에 대한 이해와 협조체제의 중요성을 인식함.

'생기부'에는 외국어대 소수언어 통번역 학과를 감안하고 기록한 흔적이 보인다.

'학종'은 상대적으로 성적 관련성이 낮다. 그러나 많은 학생들의 활동이 특기할 만한 내용이 없다면 대학의 선택은 '성적'에 따라 내려질 것이다. 그러나 가을이의 경우에는 그럴 가능성이 거의 없어 보인다. 성적으로 봐도 그렇다는 말이다.

## 3. 동아리

낙타샹즈 연구. 중국의 유명한 소설 '낙타 샹즈'를 읽고, 소설 속 주인공과 작가의 숙명적 유사성을 발견하여 발표함. 소설 속에서 주인공 샹즈는 예상치 못한 3번의 하강기를 겪고 나락으로 추락하는데 소설의 작가인 라오서 역시 문화혁명이라는 시대적 소용돌이에 휘말려 의문의 죽음을 당하게 된다는 점에서 숙명적 유사성이 있음을 간파하여 설명함. 이러한 비극적 유사성이 가능한 까닭을 분석하면서 '당시 사회가 언제든 이러한 가능성 속에서 유지되고 있었기 때문'이라고 설명하고 '우연히 벌어진 일은 언제나 그럴만한 합당한 이유와 동기, 배경이 있다'고 설명하여 친구들의 공감을 삼. 또한 개인에게 닥친 이런 불행한 운명은 개인의 재능, 의지, 성품과는 상관없이 사회, 국가적 상황 속에서 강제될 수 있다는 것을 알게 되었으며 한 개인의 의지와 도덕심에 비해 사회나 국가 등 집단의 힘은 워낙 월등하여 개개인의 희망이나 처지와는 상관없는 어려운 운명을 강제할 수 있다는 점을 공리주의에 입각하여 이해하고 집단에 의한 개인의 소외, 집단과 개인 간의 갈등 구조가 빚어질 수 있음을 알게 됨.

중국 시대별 국가 조사하기 활동. 중국의 대표 문화융성기로 송나라 시대를 꼽는다는 사실을 알고 그 배경을 공부함. 이는 문치에 중점을 둔 통치이념과 제도, 이를 떠받칠 수 있는 시가와 문학 등 저술활동의 발달 등을 들 수 있으며 인쇄술이 발달하여 문화의 발전을 추동한 사실을 공부함. 사마광의 '자치통감' 등 역사서, 주희의 주자학, 남종화의 번성 등 문학과 예술분야에서 매우 놀라운 발전을 보였는데 이 시기를 극으로 보여주는 중국식 가극(오페라)으로 '송성가무'가 있음을 알게 됨. 송성가무는 송나라를 대표하는 가극 중 하나로써, 송나라의 신화와 역사를 배경으로 하여 송나라의 흥망을 가극의 형식으로 만든 것임. 제4막 구성으로, 1막 '송궁연무'는 남송이 번창한 시대를 재현하고 2막 '금과철마'는 금나라의 침략과 악비의 항전이 나옴. 3막 '서자전설'은 서호를 중심으로 양산벽과 축영대의 비련을 그렸으며 4막 '매력항주'는 매력적인 항주의 모습을 표현함으로써 송나라의 역사와 문화, 삶의 모습을 그려내고 있음을 알게됨. 문화적 도구로써 역사와 예술, 사람들의 삶의 모습을 축약적으로 담아낼 수 있다는 것과 이를 전승, 승화시키는 역할을 할 수 있다는 사실을 깨닫게 됨.

## 4. 진로 활동

전공탐구 보고서 대회에 참가함. 중국어 시간에 중국문화를 공부하고 중국의 대표 연극인 〈패왕별희〉를 관심 있게 보게 되었는데 중국 전통연극으로 천극의 대표작인 〈변검〉과 매우 다르다는 생각이 들어 문화적 차이점을 조사하게 됨. 중국의 전통극은 시기와 지방별로 보아, 곤극(곤곡), 경극, 천극으로 분류되는데, 유네스코 문화유산으로 등재된 곤극은 가장 오래된 연극으로 주로 귀족층의 연극인 반면, 경극은 18세기부터 민중들 사이에서 널리 성행한 연극으로 생, 단, 정, 축의 인물은 남녀와 신, 광대를 상징하며 정해진 연기 규칙에 따라 극을 이어간다는 사실을 알게됨. 쓰촨성 방언을 사용하는 천극은 민간 곡예와 기예를 기반으로 한 특징이 있는데 비슷비슷한 연극의 장르들이 마치 우리나라의 동편제, 서편제처럼 지역의 특색과 어우러져 특징 있는 문화가 되었음을 알게됨. 대중적 인기를 끈 경극이 중국혁명 이후, 문화혁명을 거치며 정치적 색채를 띠게 된 점을 보고 문화와 정치, 사회관계를 이해하고 이를 보고서로 작성함으로써 중국문화에 대한 깊이 있는 탐구심과 노력과정을 보여줌.

3학년 동안의 활동은 일단, 목표에 부합하는 내용이 많다는 점이다. 그리고 활동도 매우 구체적이며 깊이를 보여준다는 점이다. 이런 점에서 '문화', '콘텐츠'에 대한 나름대로의 공부와 활동 내용이 잘 표현되어 있는 '생기부'로 볼 수 있다.

5. 교과 특기사항 및 세부능력(심화영어회화2)

영어 수행평가로 심화영어 회화2의 jackson shirley의 소설 'The Lottery' 뒷부분 이어쓰기 과제를 수행함. 이 소설은 한 마을의 사람들이 광장에 모여 제비뽑기를 통해 한 명을 선발하여 이 사람을 돌로 맞혀 죽이는 전통을 이야기하는데, 설정된 주인공은 어렸을 때 부모님이 이러한 잘못된 전통에 의해 희생된 것을 복선으로 설정하고 이 잘못된 폐습을 고쳐나가는 과정으로 마무리 하도록 하여 짜임새와 개연성에서 좋은 평가를 받음. 또한 한 나라에 전염병이 돌아 백성들 대부분이 죽고 살아남은 왕과 일부의 사람들이 숲으로 도망가서 사는 과정에서 무도회를 열 때 기괴한 가면의 남자가 나타나는데 이 남자는 전염병 보균자로서 그 마을 사람을 모두 죽이게 된다는 이야기로 마무리되는 영문단편소설 'The Masque of the Red Death'의 저자 소개, 내용 요약과 작품 평을 수행함. 작품 구성과 내용 설명에서 이 작품에 주인공역을 하는 왕과 살아남은 백성들의 심리와 행동 분석을 중심으로 인간의 이기성과 나약함을 잘 드러낸 점을 설명하여 친구들의 칭찬을 받음. 영문 소설을 읽고 이를 감상하거나 작품 분석, 심리 분석과 작품의 완성도를 평가하는 일에 매우 높은 수준의 재능을 보여줌.

'영어로 하는 페차쿠차'(일본어로 재잘재잘) 프로그램를 수행함에 있어, '박물관 큐레이터를 선택 모델로 하여 업무내용과 직업적 가치에 대해 설명하고 미래 전망에 대해서도 이야기 함.

6. 교과 특기사항 및 세부능력(중국어 작문- 이하 생략)

수업으로 진행한 '나 선생' 활동에서 '아세안 영화제'를 중심으로 이 영화제에 출품된 작품에 대해 중국어로 설명하면서 현시대 아세안의 대체적인 문화적 지향을 이야기함. 2017년 말레이시아 개최 '4회 아세안영화제'에 출품되어 최우수상을 받은 중국영화 '전랑'의 '인질구출과 국가적 위기 타개'에 대한 내용을 요약하고 현대화된 중국의 영화는 미국 헐리우드식의 블록버스터를 통한 상업화를 지향하고 있음을 설명하고 문화적 동질화와 세계화에 대해 이야기 함. 적절한 어휘와 성조로 전달하려는 내용을 매우 명료하게 발표하였으며 유창한 중국어 구사 실력을 보여 우수한 평가를 받음.

글귀를 통해 중국어와 중국인의 생각을 배우는 시간에 논어 경구인 '학이시습지'를 배우고 중국어의 표현 방식과 뜻 새김을 공부함. '说曹操, 曹操就到'의 경우 직역하면 '조조를 부르면, 조조가 바로 온다'이고 의역하면 '호랑이도 제 말하면 온다.'는 뜻으로, 삼국유사에 따르면, 한(汉) 왕조의 마지막 황제 헌제(献帝)가 국력이 쇠퇴하면서 여러 군벌로부터 위협받고 있던 중 이각과 곽사의 힘이 가장 강했으므로 헌제는 두 사람을 이간질하고 낙양으로 도망쳤지만, 오히려 이각과 곽사가 힘을 합쳐 헌제를 뒤쫓아와 헌제는 더 큰 위기를 맞게 됨. 이때 신하 중 한 사람이 조조라면 업적이 대단한 사람이니 헌제를 지켜줄 것이라며 조조를 추천하였지만 헌제가 조조에게 사신을 보내기도 전에 이각과 곽사의 공격을 받아 위기에 처하게 되는데 때마침 조조가 나타나 이들을 물리친 사실에서 '说曹操, 曹操就到'라는 말이 나오게 된 것임을 공부하고 중국말에 흔히 등장하는 사자성어 등 중국 어휘에는 역사와 철학적 배경을 담고 있는 어구가 많음을 이해하고 폭넓은 공부의 필요성을 깨달음.

교내 탐구활동 프로그램을 통해 중국문화에 대한 이해 및 활용 부분에 남다른 이해력과 활용 능력을 보여줌. 방과후 수업 '맹자의 눈으로 보는 현실'에서 맹자가 소를 흔종에 쓰는 것은 허락하지 못하나 양을 흔종에 쓰는 것은 허락하는 왕의 태도를 보고 충분히 왕의 자격이 있다며 칭찬을 한 이유는, 왕이 가진 측은지심 때문인데 이는 이러한 마음이라면 백성을 다스리는데 있어서도 충분히 측은지심이 발휘될 것으로 생각한 때문이라는 것을 맹자의 사단 사상에 입각하여 이해함.

원서를 쓰고 발표를 기다리는 동안 하늘이는 늘 안절부절이다.

낮은 성적은 시도 때도 없이 절망적 상황으로 하늘이를 몰아넣었다. 하나 둘씩 대학들이 합격자 발표를 하면서 3학년 교실은 희비가 교차한다.

하늘이는 '떨어져도 좋으니 동국대는 꼭 한 번 넣고 싶어요'하여 동국대 중어중문과를 하나 쓰고 나머지는 외국어대(글) 말레이,인도네시아 통번역학과, 국민대 중국어문과, 가천대 동양어문학, 서울여대 중문과, 광운대 동북아문화산업학부를 지원했다.

발표 때마다 하나씩 탈락했고 기대는 거의 절망으로 바뀌었다. 발표 때마다 눈물을 글썽이곤 했다.

그러다가 결국 두 개 대학에 일차 합격했다. 뛸 듯이 기뻐한 것은 당연한 일이다.

간절한 만큼 하늘이는 면접 준비에 만전을 기했다. 대개의 학생들이 그렇듯이, 면접장에서는 거의 혼이 빠진 듯한 상황이었는데도 하늘이는 꼭 해야 할 몇 가지 말을 잊지 않았다.

면접 후에 하늘이가 눈물을 흘리며 전화를 했다.

"선생님, 저 망했어요."

말 끝에 눈물자국이 묻어난다.

"면접장 분위기가 너무 무서웠어요. 제 말을 거의 듣는 것 같지도 않았어요."

마침내 큰 소리로 울기 시작한다.

"차분히 말해봐라. 질문이 뭐였어?"

하늘이는 생각나는 대로 면접 내용을 설명했다.

"대답은?"

그때마다 나는 하늘이가 답한 내용을 듣고 생각했다.

"마지막에 그 말은 꼭 했니?"

"말할 기회를 주지는 않았는데 제가 일어서서 한 말씀만 더 드리겠습니다, 하고 준비한 말을 했어요."

"잘 했다."

"어떻게 그 정신에 그런 말을 하였는지 저도 잘 모르겠어요."

"간절함이지. 뭐라고 하시든?"

"고요하던 분위기가 확 깨어난 것 같은 느낌이었어요. 서류만 보고 있던 교수님들도 고개를 들어 저를 봤으니까요."

"울지마라. 합격하겠다."

"………."


예상대로 하늘이는 최초 합격의 영예를 안았고 이번엔 기쁨의 눈물을 참지 못했다.

감사를 표하는 하늘에게 이렇게 말했다.

"네 간절함이 너를 합격으로 이끌었다."

나는 가을이가 중국 문화와 문화콘텐츠 관련한 공부를 누구보다 열심히 잘 할 수 있을 것이라 믿는다. 그리고 거기에서 어떤 '계기'를 만나 새로운 길을 찾아 나설 것이다.

**1. 고등학교 재학기간 중 학업에 기울인 노력과 학습경험에 대해 배우고 느낀 점을 중심으로 기술해 주시기 바랍니다. (1,000자 이내)**

학교 수업에서 루이스 쌔커의 소설 'Holes'를 영어원문으로 읽고 저는 두 가지를 깨달았습니다.

첫 째, 영어표현은 번역본과 다른 느낌을 주는데, 한글번역이 이미지나 단어, 상황 등 고정적 이미지로 표현하는데 비해 영어는 유연하게 문장을 표현하는 경우가 많았습니다.

채식주의자 번역본 'a completely ordinary wife who went about things without any distasteful frivolousness'라는 표현은 '평범한 아내의 역할'인데 반해 영어는 부연 표현을 통해 이미지를 만들었습니다.

Holes를 읽으며 그런 표현이 영어와 한글이 가진 문화와 언어의 차이 아닐까 생각하고 이를 잘 이해해야 좋은 번역서를 쓸 수 있겠다 생각했습니다.

둘째는 소설을 읽는 관점입니다. 'Holes' 소설 속 Greasers 집단과 Socs 집단 간의 갈등을 저는 자문화 중심주의와 문화 상대주의의 관점에서 해석했습니다. Greasers는 단순 절도와 패싸움을 하면서도 서로 배려하고 챙겨주는 반면, Socs는 살인 등 더 큰 문제를 일으키는 집단이면서 구성원들 서로가 이성적이고 무관심한 집단입니다. 둘은 서로 이해하지 못하고 갈등을 겪는데 우연히 Greasers가 Socs 집단 여자아이와 이야기하면서 Socs들도 다

비이성적인 것이 아니며 그렇게 된 계기 또한 있음을 알게 되어 Socs에 대한 마음을 엽니다.

저는 공부를 통해 한 개인이 집단에 동화되고 나면 자문화 중심주의에 빠져 다른 문화를 낮게 보거나 적대시하는 경향을 가진다는 것을 알았습니다. 이는 자문화 우월주의, 문화적 제국주의 등의 문제를 일으키지만 집단 내부적으로는 결속과 사회통합에 기여함을 알았습니다.

이렇게 보는 관점을 달리하면 문화 중심주의라는 주제로 소설을 설명할 수 있음을 깨달았습니다. 소설은 많은 에피소드와 스토리를 담고, 다양한 이념과 철학을 표현한다고 생각합니다. 지식과 사고력이 있다면 어느 작품에서든 좋은 주제를 찾고 교훈으로 삼을 수 있음을 알았습니다.(994)

**2. 고등학교 재학기간 중 본인이 의미를 두고 노력했던 교내활동을 배우고 느낀 점을 중심으로 3개 이내로 기술해주시기 바랍니다. 단, 교외활동 중 학교장의 허락을 받고 참여한 활동은 포함됩니다. (1,500자 이내)**

청소년 언어문화 탐구 활동을 하면서 저는 '언어와 문화의 생성과 사용, 소멸'을 공부할 기회가 있었습니다.

탐구방법으로 청소년 언어, 문화에 대해 사람들의 생각이 어떤지 학생과 선생님들을 직접 인터뷰하고 유튜브를 통해 청소년 언어에 대한 인식과 언어의 생성 방법 등을 조사했습니다.

저는 영향력있는 미디어 중 하나라고 생각한 유튜브에 관심을 가졌습니다. 이 매체의 특징을 저는 언어와 문화, 콘텐츠의 소비자이며 생산자이고 매개자라는 의미에서 '다중적 참여자'라 생각했습니다. 유튜브는 개개인에게 자유롭게 콘텐츠를 생산하고 소비하면서 창의성을 표현하게 한다고 보았으며 이런 현상이 문화의 순환 구조를 만든다고 생각했습니다. 그러나 지나친 상업화나 극단화, 선동적 내용의 언어와 문화가 사회문제가 되는 역작용도 있었습니다. 이러한 폐단은 제도와 규범을 통해 규제되어야 하지만 아직 그렇게 효과있는 제도가 없는데 저는 이런 현상을 '문화 지체'와 '아노미 현상'의 관점으로 설명하였습니다.

발전된 미디어 환경을 뒷받침할 수 있는 제도, 규범, 이성적 판단 등이 미흡한 점을 문화 지체로, 지나친 상업화, 극단화, 선동적 내용으로 인한 규범적 혼란을 '아노미 현상'으로 설명하고 문화적, 제도적 보완이 필요하다 주장하였습니다.

이 과정에서 저는 사회적 현상을 분석하고 설명하는 방법과 미디어의 영향에 대해 익힐 수 있었습니다.

저는 교내 '독서 숲 프로그램' 활동에 참가하는 등 독서 활동을 활발히 하였으며 독서 관련 동아리 활동으로 소설 분석을 하였습니다.

중국의 유명 장편소설 '낙타샹즈'를 부분별로 나누어 각자 내용을 분석해 오기로 하였는데 이렇게 해서는 심화 탐구가 어렵다 생각하여 전체 내용을 읽고 분석했습니다.

책을 몇 번 반복해서 읽고 저자인 라오서에 대해서도 공부했는데, 저는 '낙타샹즈'가 훌륭한 소설이라는 가장 큰 이유를 이 소설이 가진 시대 상황의 정확한 묘사에서 찾았습니다. 배경이 중국의 근대화가 진행되는 격변기이고 정치, 사회적 혼란기였는데 당시 상황 묘사와 당대 사람들의 생활과 생각이 생생하게 표현되어 사실감을 더했고 이런 점이 당시 사람들의 열광적인 공감을 얻어 베스트셀러가 되었다 설명하였습니다.

소설 주인공 샹즈는 돈을 벌기 위해 상경하고 인력거 한 채에 의존하며 온갖 고난을 다 겪으며 사는 인물로서 늘 자신의 꿈을 빼앗아가는 국가, 사회적 폭력을 숙명으로 받아들이고 사는 인물입니다. 이러한 설정이나 인물묘사의 객관성이 사람들이 공감한 배경이 되었습니다.

제가 여기에 덧붙인 내용은 중국의 유명 작가로서 작품 활동을 하다가 문화혁명의 와중에서 의문의 변사체로 발견된 작가의 운명이었습니다. 작가가 특별히 그런 운명을 타고났다기보다는 당시 사회가 언제든 그러한 일이 일어날 가능성을 가지고 있었기 때문이라 생각했고 그러므로 작가의 비극적인 운명은 소설 '낙타샹즈'가 쓰인 당시 사회의 모습을 객관적으로 잘 표현한 증거가 될 수 있다 설명하였습니다.

소설이 가져야 하는 사회성과 개연성을 잘 이해했으며 문학의 사회 비판적 기능을 깨닫게 된 활동이었습니다.(1491)

**3. 학교생활 중 배려, 나눔, 협력, 갈등관리, 리더십 발휘 등을 실천한 사례를 들고 그 과정을 통해 배우고 느낀 점을 기술해주시기 바랍니다. (1,000자 이내)**

저는 'OOO시 다문화가족 지원센터' 봉사활동을 하였는데 봉사활동은 베푸는 것보다 얻는 것이 더 많은 것이며, 무언가 한 발을 내디디면 그로부터 다른 일들이 시작된다는 교훈을 얻었습니다.

학교에서 중국어를 전공하며 다른 나라에 관심이 많던 저는 다문화에도 특별한 관심이 있었습니다. 다문화 아주머니들이나 아이들에게 필요한 것은 한국어 실력이었습니다. 언어로부터 차별이 시작된다고 느낄 정도로 다문화 아주머니들이나 아이들 모두 언어에 대한 두려움이 컸기 때문입니다. 저는 그분들에게 실질적인 도움을 주어야겠다, 생각하고 공인 '한국어 능력 시험'을 준비하는 교육 봉사를 하였습니다.

다문화 아이들은 한국어 습득 속도와 언어 발달이 늦어 4~6세 아이들은 기본 단어들은 알지만, 한글을 쓰는 것을 어려워 했습니다. 저는 그곳에 배치된 그림 카드로 게임을 하며 단어나 문장을 맞힐 때마다 칭찬을 해주고 10문제를 다 맞히면 상을 주는 식으로 학습을 하고 따라 쓰기 과정으로 한글 단어를 쓰도록 하였습니다. 이 같은 봉사활동은 이주여성과 어린이들로부터 한국어 능력 시험을 대비하는 좋은 교육이라는 평가를 받았습니다.

봉사활동은 이후 다문화 부부의 '법원 후견인 프로그램'으로 발전하였습니다. 저는 기꺼이 후견인을 맡았고 연극 '이혼은 하되, 아이에게 상처를 주지 말자'에 연기자로 참가하여 말레이시아 이주여성 역할을 맡았습니다.

아이에게 이혼을 왜 하는지 이혼의 의미는 무엇인지 설명하고 결혼 후 가장 행복했던 순간은 아이가 태어났을 때이며, 이혼 후 아이와의 가족 관계까지 없어지는 것은 아니라는 점과 책임을 다해야 하는 점 등을 저 스스로 배울 수 있었습니다. 말레이시아 여성 역할을 맡아 말레이시아의 문화관습을 익힐 수 있는 기회도 되어 저로서는 짧은 시간에 많은 것을 얻은 활동이었습니다.

봉사란 봉사의 대상이 되는 사람들 입장에서 하는 것임을 깨닫게 되었고 저분들에게 필요한 것은 무엇일까, 먼저 생각하는 습관이 생겼습니다. 이는 다른 사람을 먼저 생각하고 배려하는 태도가 되었습니다. (995)

# story 5

민들레씨앗의 비행

경희대 / 아주대 기계공학과

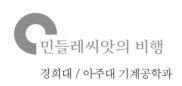

# 민들레씨앗의 비행

경희대 / 아주대 기계공학과

기하학적 구분구적법을 뉴턴의 미적분보다 약 2천년 앞서 창안한 '유레카!' 의 주인공, 아르키메데스는 여러모로 위대한 수학자며 과학자이다. 그 시대에 구의 겉넓이 $4\pi r^2$을 구한 천재였다. 그가 그런 말을 했다.

"수학을 공부하지 않은 대부분의 사람들에게는 믿기지 않게 보이는 일들이 있다."

아르키메데스는 세계 3대 수학자에 꼽히는, 그래서 인류에게 있어 더없이 소중한 수학자였지만 그의 최후는 좀 허망하였다. 로마군에 의해 그의 조국 시라쿠라가 함락되고 로마병사가 그의 곁에 당도했을 때, 그는 모래 위에 원을 그리고 있었다. 로마군이 그 모래를 밟자, "이봐, 내 원을 밟지마!" 호통을 쳤고 화가 난 로마병사는 위대한 수학자를 한칼에 죽여 버렸다.

영재고와 달리 과학고는 광역단위 학생만을 모집한다. 그렇지만 100명 안쪽의 소수인원만 선발하므로 과학고에 합격한 학생들은 해당 광역시도에서 가장 우수한 학생들에 속하는 것은 틀림없다. 적어도 중학교 과정까지는 전교에서 일, 이등을 다투는 학생들인 것이다.

어렵사리 합격한 과학고 일학년 동안에 이 학생들은 조금 특별한 과정을 소화하고 특별한 공부를 한다. 물론 중학교에서 과학고 입학 준비를 하며 과학고의 커리큘럼과 학교생활, 입시 준비에 대해 배우고 준비는 해왔지만 실제와 예상은 대부분 다르기 마련이다.


우수한 시설과 선생님, 과학실험 시설을 갖춘 과학고에 학생들 대부분은 눈이 휘둥그레질 것이고 과학고 진학에 대해 만족감을 가질 것이다. 자부심도 적지 않을 것이다. 그렇지만 과학고에서의 생활이 그리 만만치 않다는 것을 곧 깨닫게 된다.

새로운 환경 중에 가장 당황스럽고 고민되는 일은 '자신이 더 이상 똑똑한 학생이 아니다'라는 사실을 인식하게 되는 것이다. 과학고에 들어와 수업을 시작한 후 대부분의 학생들은 곧바로 이 사실을 깨닫는다. 그도 그럴 것이, 수업 중이나 활동 중에 접하는 친구들의 수준과 능력이 생각보다 높고 강력하다는 사실을 수시로 깨닫기 때문이다. 드러나지 않는, 뭔가 압축된 긴장과 아슬아슬한 경계심 같은 것을 학교생활 내내 느끼게 된다. 이른바 '소리 없는 전장'인 것이다.

(자신이 매우 똑똑하며 천재적일 거라는 자아인식은, 사실 고등학교, 대학교, 그리고 사회로 나아가면서 점차 옅어지게 된다. 현실인식이라고나 해야 할지? 학생

뿐만 아니라 학부모님들에게도 이것은 동일하다.)

● 춘추전국시대의 학교

일차고사와 이차고사를 거치면서 막연한 그 불안은 숫자로 실체를 드러낸다. 이전에는 한 번도 받아보지 못한 성적을 받아들고 처음에는 '실수겠지' 하다가, 한 학기를 넘기면서 '어쩔 수 없는 객관적 수치'로 받아들이게 된다.

물론 이 학교에도 전교 일, 이등은 있고 상위권도 있다. 그렇지만 '절대적 상위권'은 아니다. 춘추전국시대처럼 언제든지 자리바꿈이 일어나고 심지어 수직상승과 낙하가 수시로 일어날 수 있는 예측불허의 위태로운 자리일 뿐이다. 자리바꿈이 수시로 일어나지만 큰 범위에서 보면 성적은 몇 개 정도의 순위그룹을 형성하며 고착화되는 과정을 거친다.

다수의 과고생이 '대학입시'를 목표로 과학고에 진학한다. (물론 어느 경우든 과학고 진학에는 부모님의 선택과 희망, 권유가 큰 역할을 한다.)
제아무리 과학고라고 해도 고교에서 배우는 과학적 지식과 실험은 한계가 있고 이를 통해 사회적으로 할 수 있는 일도 별반 없으므로 우수한 학생들이 대학에 진학하는 것은 당연한 현상이기도 하고, 바람직한 일이기도 하다. 옥돌도 절차탁마를 거쳐야 보석이 되는 법이다.

드물지만, 입시는 뒷전이고 정말 과학이 좋아서, 과학적 탐구와 실험이 하고 싶고 그런 것을 통해 깊은 지식을 얻고자 과학고에 진학하는 학생들도 '가끔' 있다. 워낙 과학과 실험을 좋아한 나머지, 중요한 문제인 진학문제를 미처 살피지 못한 학생들이다.

이런 학생들에게 과학고는 매우 이상적이다. 수학 펠 6차 방정식의 해 구하기, 개미수열 탐구, 논문작성을 하기도 하고, 실제 자이로드롭 연구 나, 자동차와 로봇을 제작하기도 한다. '헤론의 분수 실험' 등 어려운 물리 학적 명제를 실험이나 탐구를 통해 증명하기도 한다. 창의적 발상을 실제 실험이나 모형을 만드는 일에 적용하기도 한다.

과학고의 이러한 커리큘럼과 활동은 학생들에게 과학에 대한 탐구심 과 창의성을 큰 폭으로 증폭시킬 수 있다. 그러므로 이런 학생이야말로 과학고 설립 목적에 부합하는 학생일 것이다.

그러나 이런 재능과 꿈은 곧 현실과 직면한다. 결국 대학 입시라는 절 차를 넘어서야 자신의 연구역량, 가능성을 인정받고 또한 과학적 이상을 실현할 환경이 주어지는데 이런 점을 간과했다는 점에서 과학고 선택이 낭만적 판단이 아니었을까, 다소 후회스런 생각이 든다. '이런 성적으로 어떻게 대학을……?' 하는 현실적 걱정과 마주하게 되는 것이다.

경준이는 상당한 과학적 재능을 갖춘 학생이다. 로봇공학을 전공하고자 하는 학생이었는데, 고등학교 2년간 공부와 연구, 실험이 큰 창고에 가득할 정도로 양이 많았고 내용이 독특했다.

그러나 경준이는 오직, '거의 바닥을 찍고 있는 성적' 때문에 다른 것은 생각할 겨를이 없었다.

입시가 다가오면서 중위 밖 하위권에 머무는 성적은, 입시에 실패할지도 모른다는 두려움을 주었으며 대학에 제대로 입학하지 못하면 내가 무얼 할 수 있을까 하는 불안감과 무력감이 강하게 자리하고 있었다.

입학 후 그런 지경에 이르기까지는 그리 긴 시간이 지나지 않았다. '공연히 과학고를 왔구나' 하는 후회의 감정도 인다.

죽어라 공부하면 되겠지 하는 생각도 이제는 잘 들지 않는다. 조기 졸업, 조기 입학을 제외하고 겨우 30~40명 정도의 적은 인원이 남았을 뿐이다. 1등급 한 명, 2등급 세 명, 3등급 다섯 명, 이런 식으로 등급이 정해질 것이다. 실력보다는 우연적 요소, 돌발 변수가 더 크게 작동하는 상황이다.

'주전자에 남은 소량의 물 신세가 된 것이다.'

주전자는 순식간에 끓을 테고 또 순식간에 1,2 등급은 사라질 것이다.


그런 표정은 얼굴에 그대로 드러났다. 낭패감, 지향이 없어진 혼돈, 그리고 후회와 두려움……. 애처로울 정도로 기가 죽어있었다.

3월에 처음 상담을 시작하여 경준이의 학업내용과 활동, 고민과 희망을 들었다. 작년까지의 그 학교(지방 과학고)의 대학 진학 결과를 놓고 보더라도 비슷한 내신으로 입시에 성공한 사례가 거의 없었다.

"로봇공학은 왜 하고 싶어?"

이런 질문은 늘 하는 것이기도 하다. 대개는 '그냥요' 하거나, '재미 있어서요' 하는 경우가 많다.

"저는 로봇이 좋아요. 사람이 할 수 없는 일을 잘 할 수 있지요."

"사람이 할 수 없는 일이 무언데?"

"구난 활동이나 우주 탐사, 어려운 생산 활동……, 많아요."

제법이구나 하는 생각이 들었는데,

"직접 로봇을 제작해 보기도 하였는데, 제가 잘 할 수 있을 것 같기도 하고요."

"직접?"

"재난 구조 로봇을 실제 만들어 봤어요."

"장난감 같은 거 아니고?"

"작은 세탁기만하게 만들었는데, 이렇게 생겼어요."

사진을 꺼내 놓았다.


과학고 학생이기 때문에 로봇을 만들 수 있었던 것은 아니다. 지역 교육청에서 실시한 연합 탐구 활동에 학교장 허락 하에 참가하여 일반고 학생들과 함께 제작한 것이다. 그런 것을 보면 교육환경이 참 좋은 시대다, 하는 생각이 든다. 밝은 눈으로 살펴보면 언제든 살아있는 교육을 만나고 직접 체험하는 것이 가능하다.

"기능 설계 내용이 있니?"

"제가 맡은 것은 기타로 분류된, 구동연결과 센서 부분인데 자세히 설명할 수 있고, 전체적인 것도 말씀드릴 수는 있어요."

입시 상담을 하는데 그런 것은 왜 물어요? 하는 표정이다. 걱정이 앞서는지 시무룩한 모습이었지만 나는 그 이야기를 들으며 경준이가 '남들 모르는 큰 보물창고를 가지고 있구나' 하는 생각이 들었다.

그렇지만 그 많은 공부와 활동은 창고 여기저기에 아무렇게나 던져져 있어서 어지럽고 복잡하고 쓸모없는 것처럼 보였다. 말하자면 비행기, 자동차, 드론, 선박, 항공기, 냉장고 등 기계부품이 잔뜩 뒤섞여 아무렇게나 널려있는 폐차장이나 창고 같은 것과 다름없었다.

더 중요한 문제는, 자신도 재미가 있어서 그러한 활동을 하긴 했지만, 그게 무슨 의미가 있는지 잘 알지 못한다는 사실이었다. (그는, 괜히 그런 것을 하였다, 결국 성적이 말해주는 것인데, 그런 생각으로 후회가 물씬 풍기는 표정을 짓고는 했다.)

이런 일은 굳이 경준이에게만 국한된 일은 아니다.

학생들 대부분이 공부를 하면서도 이게 무슨 의미가 있지, 하는 것을 모르고, 알려고도 하지 않는다. 방정식을 풀어놓고 '이걸 왜 풀지?'하는 것과 같다.

활동도 마찬가지여서, 열심히 활동을 하였는데 이걸 왜 했지? 어떤 의미가 있지? 하는 질문 앞에서 뾰족한 답을 내는 학생들이 별로 없다.

자신이 한 일의 의미를 자신도 잘 알지 못하니, 학교선생님이나 주변의 사람들이 그런 것들을 체계적으로 잘 챙겼을 리가 없다. 과학실험이나 제작 과정에 있는, 늘 하던 일을 한 것, 그 정도였다.

그러나 내가 보기에 그 내용은 참 탐나는 보물로 보였다. 3학년 때 별다른 활동을 안 하더라도 이제까지의 활동을 제대로 살려낸다면 충분히 좋은 평가를 받을 수 있을 것으로 생각되었다.

이 지점에서 나는 자신감을 얻는다.

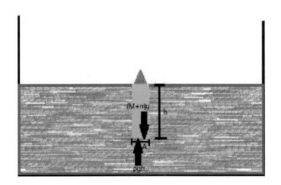

## ● 주머니 속의 송곳

'낭중지추', '주머니속의 송곳'이라는 말이다. 경준이를 보면서 그런 생각이 들었다. 어떻게든 자신을 드러낼 수밖에 없겠구나, 하는 생각……. (그렇다면 우리는 모두, 내가 '폼나게' 드러낼 수 있는 것은 무엇일까, 하고 생각해 볼 일이다.)

이제까지의 공부와 활동을 하나하나 정리하는 일을 먼저 했다. 그건 시간이 좀 걸리는 일이었지만 어렵지는 않았다. 착실하게도 자신이 한 활동을 일목정연하게 매우 잘 정리해 놓았던 것이다. (학교에서 보고서를 원했기 때문에 한 일이기도 하다.)


대충 정리해 보자면,
① 고전역학에 대한 물리적 탐구와 실험
② 자전거바퀴 자이로스코프를 통한 운동량 보전 실험
③ 반데그라프 발전기의 정전압 발생실험
④ 기주공명을 통한 음파의 전달 실험
⑤ 페러데이 법칙에 따른 RL 전자회로 설계 및 실험
⑥ '물위의 뜬 양초'와 '춤추는 동전' 등
매우 많은 양의 실험과 탐구가 이루어졌다.

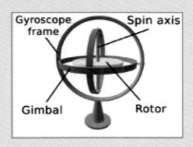

이것은 정말 일부분만 임의로 추출하여 적은 것이므로 실제 경준이가 했던 탐구와 실험의 양을 정말 많다고 할 수 있다.

생각해보자. 이런 실험들을 통해 '지식'을 얻었다. 그렇다면 그 지식이 정리되거나 '발현'된 사실이 있을까……? 핵심적 내용은 바로 이것이다

경준이가 정리한 파일을 하나씩 보면서, 그 심오한 내용에도 놀랐지만, 이렇게 꼼꼼하게 정리를 해놓은 사실에도 많이 놀랐다. 물론 보고서 작성 때문이겠지만 그렇다고 해도 정리 해놓은 파일은 기대 이상으로 질서정연하고 실험과정이 자세히 정리되어 있다. 그의 성격이 그대로 드러나는 노트였다.

멀뚱이 나를 보고 있는 경준이를 마주 보았다. 순진무구하게 웃고 있는 얼굴을 보면서 저 내면 어딘가에 차곡차곡 쌓여있을 많은 지식과 경험을 가늠해 볼 수 있었다.

'낭중지추'는 그런 말이다. 내면에 가득 차 있으니 드러내려고 하지 않아도 드러날 수밖에 없지 않은가?

그리고는 고민한다.

'어떻게 효과적으로 저 내용들을 드러낼 것인가?'

스티브잡스는 새로운 시대를 촉발한 인물이다. 그가 창의성에 관해 이러한 말을 했다.

'(창조성이 뛰어난) 그들은 단지 뭔가를 보았다. 어느 정도의 시간이 흐른 뒤, (그 사실은)그들에게 분명해졌다. 그것에 자신들의 **경험을 연결하고 새로운 것을 합성 할 수 있었기 때문이다.**

(They just saw something. It seemed obvious to them after a while. That's because they were able to connect experiences they've had and synthesize new things.)

발견한 것이 어떤 것이고 새로운 어떤 것과 조합해야 하는지 안다면, 스티브잡스와 비슷한 재능을 가졌다고 할 수 있다. 잡스는 물론 큰 세계에서 큰 기업을 통해 남다른 지식과 감각과 열정을 보여주었지만, 작은 세계, 학교 공부와 활동을 통해 우리가 그런 것들을 보여준다면, 그와 다를 것이 무엇이겠는가?

"네가 한 활동 중에 가장 인상 깊은 것이 무엇이니?"
"여러 활동이 대부분 인상 깊어서요."
"이 얘기만큼은 다른 사람들에게 꼭 하고 싶다, 그렇게 생각하는 활동을 말한다면?"

"골드바흐의 추측이요."

"어떤 점에서?"

"아직 증명되지 못한 추측인데, 그것을 설명하는 교구를 직접 제작한 일이 있고, 이것을 가지고 아동센터 봉사에서 활용한 적이 있어요."

프러시아의 수학자 골드바흐는 오일러에게 '2보다 큰 정수는 세 소수의 합으로 나타낼 수 있다'는 내용의 편지를 적어 보냈다.(그러나 1은 소수가 아니기 때문에 이 편지는 '5보다 큰 정수는 세 소수의 합으로 나타낼 수 있다'고 정정하는 것이 정확하다.)

오일러는 이를 조금 더 명확하게 '2보다 큰 모든 짝수는 두 소수의 합으로 나타낼 수 있다'는 내용으로 바꾸었다.(왜 그런 편지를 주고 받았는지 나로서는 알 수가 없다. 수학자들은 좀 괴상한 편지를 주고 받는다.)

"어찌 생각해보면 당연한 것 같은데, 이것을 대입하여 '확인'하는 것이 아니라 '증명'하여 일반화하는 과정은 그리 쉽지 않아서 아직까지 증명되지는 않았어요."

"그래서 추측이로군."

"증명 안됐을 뿐이지, 그럴 거라는 것은 누구나 알죠. 말하자면, 쌍둥이 소수는 (3,5),(5,7),(11,13)처럼 (p,p+2)가 소수가 되는 것인데, 이것이 무한히 많다는 것을 알기는 해도 증명하지는 못한 거죠."

"그걸 네가 만들었다고?"

"네!"

다시 사진을 꺼내 놓았다.

"좀 괴상한 짓을 하는 건 너도 마찬가지로구나."

"네?"

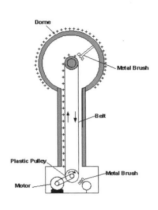

## ● 자연모방 ─────────────────────

수학, 과학에 대한 남다른 감각이 있을 뿐만 아니라, 그런 내용을 공부하고, 이해하고, 그 이해한 내용을 펼쳐서 보여주려는 우직한 끈기도 갖춘 학생이다.

몇 차례 이러한 과정을 통해 경준이의 활동과 내용에 대한 이야기는 모두 정리할 수 있었다.

이것만 가지고도 사실 할 이야기는 많았고, 이 정도만 잘 풀어내도 남다른 평가를 받을 만했다.

그러나 뭔가 부족한 부분이 있어 보이는 것은 어쩔 수가 없었다. 부족한 내신을 한방에 날려버릴 그 '뭔가'에 대해 고민할 수밖에 없었다.

고민 끝에 경준이에게 내놓은 것은 '자연모방'이었다.

"자연모방요?"

"모든 과학이나 수학이 거기서부터 출발하니까. 그리고 한계에 부딪칠 때마다 그것을 돌파하는 원동력도 모두 자연에서 가져오지."

"그렇긴 해도 너무 막연하지 않나요?"

"너랑 어울리는 게 있을 테니 그것을 찾아야지."

"………."

"나노과학은 직접적으로 자연을 모방한 사례라 할 수 있지."

자연모방 사례로 그는 '도마뱀붙이의 접착 발', '전복껍데기형 탱크외형', '방수형 연꽃잎', '신칸센과 물총새' 등 다수를 찾아왔다. 과고생답게 성실하게 찾은 노력이 보인다.

몇 차례 더 상담하고 의논하여 '민들레 씨앗'에 주목하기로 했다.
"민들레 씨앗요?"
처음에 갸웃거리던 경준이가 내용을 듣고 흥미를 보였다.
"민들레 씨앗은 자연 상태에서 가장 이상적인 비행구조를 가지고 있다는 거야. 그 비행원리를 찾아 규명해보자. 그것을 적용한 드론 같은 비행체를 구상하는 거지."
이 내용은 매우 속도있게 진행되었다.
평소 그가 가진 장점이 고르게 발휘되어, 민들레 씨앗의 비행원리에 대한 논문 탐색, 수학적 계산, 그리고 비행체에 적용하는 문제까지 깊이 있고 신속하게 진행되었다.

그 내용의 일부는 다음과 같다.

물리동아리 활동. '민들레 씨앗의 비행원리를 이용한 드론 만들기 프로젝트'를 진행함. 이는 드론의 단점으로 꼽을 수 있는, 저공비행 시 날개 부분에 의해 사람에게 피해를 발생할 수 있는 점, 모터와 전지로 인해 경량화가 어렵다는 점을 동시에 해결하는 방안이기도 함. 민들레 씨앗의 비행원리 논문 'A separated vortex ring underlies the flight of the dandelion(Naomi

Nakayama)을 확인하고 이를 학습하고 유튜브에 게재된 동일 내용을 찾아 공부함. 민들레 씨앗의 비행 원리는 민들레 씨앗 위에 생기는 분리된 소용돌이에 의해 부양된다는 점을 확인하였는데 이는 낙하산과 비슷한 원리라는 것을 알게 됨. 민들레 씨앗은 공극률이 커 종단속도에서 같은 질량의 원판에 비해 단면적이 작다는 것을 알 수 있었고 이 때문에 민들레씨앗이 4배 이상의 저항계수를 가져 매우 경제적인 구조라는 것을 확인함. 민들레 씨앗과 같은 질량의 원판 레이놀즈수를 비교하여 민들레 씨앗이 더 큰 레이놀즈수를 가지고 있지만 불안정한 흐름을 가지지 않는 이유가 민들레 씨앗의 필라멘트의 작은 레이놀즈수에 의한 것이라는 것을 확인함. 민들레 씨앗의 원리를 이용하여 기상 상태나 기온 등을 측정할 수 있는 드론을 공극률과 민들레 씨앗 필라멘트의 두께와 길이를 고려하여 설계도를 작성함.

과학고가 좋은 점은, 이러한 창의적 발상을 탐구하여 결과를 만들어내는데 있어 시간적, 시설적, 환경적 도움이 되는 점이다. 물론 주로 탐구에 집중되는 것이라 시설의 중요성보다는 탐구여건과 시간의 활용이 도움이 되었다.

그렇지만 가장 중요한 것은 역시 경준이가 가진 탐구열이다.

"이거 되게 재미있어요."

입시에 대한 고뇌도 잠시 잊은 듯, 싱글벙글한 표정으로 탐구에 집중했고 예상대로 기대한 것보다 훨씬 더 훌륭한 보고서를 만들 수 있었다.

'민들레 씨앗' 외에도 한 두 개 정도의 심화 탐구를 진행하였고, 3학년 1학기 동안의 이러한 활동은 학교 선생님들의 지도와 보완으로 더 알찬 결과물이 되었다.

이제 준비는 된 셈이다.


우선 지원 대학을 정해야 순서다.

이런 경우 나의 기준은, 그 학생이 성취한 활동의 내용과 결과이다. 물론 내신 등급도 매우 중요한 고려 사항이지만 5등급 이하에서는 굳이 그것을 따질 필요가 없는 경우가 많다. 등급대로 대학에 지원한다면, 이런 활동 굳이 할 필요도 없고, 사실 갈 수 있는 대학도 없을 수밖에 없다.

7, 8년간 주로 '학종' 지도를 해오면서 나름대로 대학별, 전형별 합격과 불합격의 기준, 그에 대한 데이터를 구축해왔으므로 지원 대학에 대한 나름의 근거도 있는 셈이다.

"특기자 전형 1개, 나머지는 모두 '학종'으로."

"학교는요?"

"고대, 성균관, 중앙, 경희, 시립대, 아주대 등이다."

"선생님, 제 내신 성적 등급이……."

다시 경준이의 얼굴에 먹구름이 끼었다. 걱정이 잔뜩 묻어난다.

역시 '자기 검열'이다. 내가 겁먹기 전에 학생들이 먼저 겁을 먹는다. 이제까지 주변에서 봐왔던 것도 있고, 입시를 앞두고 주변 친구, 학교, 선생님들께 들은 얘기도 있기 때문이다. 학생은 물론 학부모님도 마찬가지이다. 오히려 더 겁을 먹기 마련이다.

"내신대로 지원 할래? 하하."

".........."

"네가 한 이 일이 대단하다. 전국에서 이렇게 한 학생은 너 밖에 없을 거다. 그리고 너는 과고잖아?"

"그래도 너무, 높아서요……."

"생각해 보자."

".........."

우여곡절 끝에 경준이는 '과기원', '성균관대', '경희대', '중앙대', '아주대' 등 다수의 학교에 지원했다. 그리고 이 중 3개의 학교에 합격했다. 그리고 서울에 있는 꽤 괜찮은 대학을 선택하여 입학했다.

경준이는 다시금 자신감을 회복했다. 과학에 더 큰 열정을 가지게 되었으며 과학적 성취를 틀림없이 이룰 것으로 믿는다.

나는 이 학생이 가진 과학에의 열정과 탐구정신, 실험을 통해 얻은 결과물 등을 고려하면 당연히 가야할 자리를 찾아갔다는 생각이다.


어떤 학생들은 자신의 내신 성적이 낮은 것에 비관하거나 부끄러워한다. 그리고 그런 성적으로 좋은 대학에 들어온 것 역시 부끄러운 일인 양 생각하는 경우를 가끔 본다. 그러나 그렇지 않다. 물론 성적이 낮은 것이 자랑스러운 것은 아니다. 그러나 성적이 자신의 모든 것을 결정하는 것은 아니다. 성적보다 훨씬 더 가치있는 재능이 있다는 것이다. 그런 점을 자랑스럽게 생각하는 것이 옳다.

그리고 대학입학은 '입학성적' 평가를 통해서 한다. 입학성적에 포함되는 것은 '내신'만이 아니다. 경준이는 '입학성적'이 매우 우수하여 합격한 것이니 자랑스러워하는 것이 당연하다.

## ● 저는 과고가 아니잖아요?

이 이야기가 특별한 한 학생의 이야기는 아니다. 이제껏 수년 동안 이러한 많은 학생들이 대학에 합격했다. 이후 소개할 학생들도 '특별히', '내신 성적'이 안 좋은 학생들이다.

그러니 내신이 꼭 절대적인 것만은 아니다!라는 생각을 가질 만하다.

이 이야기를 읽고 혹여 이렇게 얘기하는 학생이 있을 것이라 생각한다.
"저는 그런 (거창한)활동을 한 적도 없고, 과학고도 아니에요."
"이 학생만큼의 지식, 창의성이 없어요."

이런 생각을 하는 학생들은 '달을 가리키는데 손가락을 보는 경우다.' 자신이 발견하지 못한, 공부, 활동, 이런 것들이 저마다 많이 있기 마련이다. 누구에게나 그런 것이 있다. 그 내용에 어떤 의미를 부여하고 무엇과 조합하여 드러낼 것인가. 이런 고민이 필요할 뿐이다.

춘추전국시대, 진나라가 조나라의 한단을 공격하자 조나라 왕은 왕족이며 재상인 평원군을 초나라에 보내 동맹을 청하게 된다. 평원군은 수행원으로 문무를 겸비한 인재를 19명을 골랐다. 이때, 선택되지 않은 '모수'가 스스로를 자찬하며,

"군께서 초나라와 합종을 하러 가시는데 20명 중 한 사람이 모자란다고 들었습니다. 저를 수행원으로 데리고 가 주시기를 바랍니다."하고 말했다.

평원군은,

"선생께서는 내 집에 오신 지 몇 해나 되었소?"

"3년입니다."

"현명한 사람은 '송곳이 주머니 속에 있는 것과 같아 반드시 그 끝이 튀어나온다'고 하는데, 선생은 3년이나 내 곁에 있으면서 다른 사람들이 칭찬하는 소리도 없었고 나도 듣지 못했소. 이는 선생이 아무런 재주도 없는 까닭이오. 함께 갈 수 없소."

모수가 말했다.

"신은 지금 주머니 속에 넣어 주기를 청하는 것입니다. 만약 일찍이 주머니 속에 넣었더라면 송곳이 주머니를 뚫고 나왔을 것이니, 어찌 그 끝만 보였겠습니까?"

다른 19명이 모수 비웃기를 그치지 않았지만 평원군을 동행한 모수는 동맹 협상이 어려워지자 협상장 단상에 오른다.

초나라 왕이 평원군에게 물었다.

"이 사람은 누구요?"

"저의 사인입니다."

초왕이 꾸짖었다.

"어서 내려가지 못할까! 나는 너의 주인과 협상을 하고 있는 중이다!"

모수가 칼을 빼어들고 앞으로 나아가 말했다.

"왕이 저를 꾸짖고 있지만 지금 열 발짝 안에는 왕이 의지할만한 초나라의 사람들이 없습니다. 그러하니 왕의 목숨은 지금 나의 손에 달려 있습니다. 사람이 많아도 이렇듯 쓸 수 없는 경우가 있습니다. 탕임금은 70리의 땅으로 천하의 왕 노릇을 했고, 문왕은 백 리의 땅으로 제후들을 신하로 만들었는데, 그들이 군사가 많았습니까?

지금 초나라는 땅이 사방 5천 리에 군사가 백만으로 능히 패자의 자격을 가지고 있습니다. 초나라의 강함을 천하는 당할 수가 없습니다. 지금 초나라를 침범한 '백기'는 새파란 놈에 지나지 않지만 겨우 수만의 병사로 초나라와 전쟁을 하여 한 번 싸움에 언정을 함락시키고 두 번 싸움에 이릉을 불태웠으며 세 번 싸움으로 왕의 조상을 욕되게 했습니다.

이는 우리 조나라도 수치로 여기는 일인데 초왕은 어찌 수치로 여기지를 않습니까. 합종을 하는 것은 초나라를 위한 것이지 우리 조나라를 위한 것이 아닙니다. 그런데 어찌 나를 나무란단 말입니까!"

초왕은 모수의 말을 듣고 합종에 따르겠다 약속을 한다.

모수는 개와 말의 피를 가져오게 하여 초왕, 평원군의 순서로 마시게

한 다음 자신도 피를 마셨다. 그리고 수행한 다른 19명을 불러 말했다.

"그대들은 당하에서 피를 마시도록 하시오. 그대들은 한 일도 없이 다른 사람에 붙어서 일이 성사되는 것을 보았을 뿐이오."

평원군은 합종을 성사시키고 조나라에 돌아와 말했다.

"나는 이제 더 이상 선비들의 상을 보지 않겠다. 내가 많게는 수천 명, 적게는 수백 명의 상을 보면서, 천하의 선비들을 하나도 놓치지 않았다고 자부했는데 오늘 모 선생을 보지 못했구나. 모 선생은 초나라에 가자마자 조나라를 구정(九鼎)과 대려(大呂)보다 더 무겁게 만들었다. 모 선생은 세 치의 혀로 백만의 군대보다 더 강하게 만들었다. 나는 이제 감히 선비의 상을 보지 않겠다."

이 이야기가 '사기'에 나오는 '낭중지추'의 유래이다.

우리 주변에 이렇듯, 인재를 알아보거나 인재는 아니더라도 그 인물의 재능을 알아보고 그에 알맞게 쓰일 수 있도록 거들어주는 사람들은 얼마나 있을까?

낭중지추는 첫 번째 선택지이다.

'모수'처럼 스스로의 강점을 찾고, 알리고, 발휘하는 것이다. 또는 만들어가는 것이다.

두 번째는 공자다.

공자는 '부지이불온 불역군자호'라 했다.

'사람들이 자신을 알아주지 않아도 화내지 아니하면 이 또한 군자가 아니겠는가?'

'배우고 때로 익히면 또한 즐겁지 아니한가(학이시습지 불역열호)'와 함께 쓰인 말로, 많은 사람들에게 큰 귀감이 되는 어구이다.

말뜻은 유유자적, 스스로 만족하고 산다는 말이다.

세 번째는

아르키메데스를 생각없이 한 칼에 죽인 병사다.

선택이 어려울까?

청년이라면 첫 번째를 선택하면 되고, 중노년은 두 번째, 세 번째는 어느 경우도 좋지는 않아 보인다.

그 병사처럼 우리는 혹시 우리 안의 가능성을 그렇게, 가차 없이 죽이고 있지나 않은지?

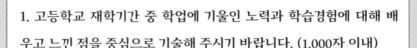

**1. 고등학교 재학기간 중 학업에 기울인 노력과 학습경험에 대해 배우고 느낀 점을 중심으로 기술해 주시기 바랍니다. (1,000자 이내)**

학교 특성으로 공부와 함께 실험을 자주 하였는데 이러한 커리큘럼은 저에게 알맞는 수업이었습니다.

이러한 과정을 통해 기본, 심화, 자유 실험 물리부분 인증제 실험을 통과하고, 명확한 해를 갖고 있지 않거나 다양한 논쟁을 벌였던 주제를 탐구하는 과정인, oooo 준비에도 도움이 되었습니다. oooo는 논쟁을 통해 타당성을 검증하는 물리학의 연구활동 그 자체라고 할 수 있습니다.

실험 중 heron's fountain은 물의 압력차를 이용하여 물병의 위치를 바꿔가며 물의 높이가 변화하는 정도를 관찰했습니다.

헤론의 분수 높이 결정요인을 탐구했는데, 베르누이 방정식으로 높이 차에 의한 압력을 계산하고 베르누이 방정식을 물에서 사용했을 때 차이가 크지만 공기 중에서는 차이가 크지 않음을 확인하였습니다. 공기압력이 전달되는 관으로 이어진 두병의 높이차에 의해 분수의 높이가 결정된다는 것과, 연속방정식으로 수면유속은 근사시켜도 된다는 사실을 사용하여 분수의 높이를 계산할 수 있었으며 이는 모든 유체가 비압축성이라 할 때 2번과 3번 물병의 높이차가 분수 높이를 결정한다는 것임을 알았습니다.

그후 심화연구를 통해 정확한 높이측정을 위해서는 마찰력을 고려해야 했기에 실험적으로 레이놀즈수를 구하고 레이놀즈수를 이용한 유속 식으로 이를 설명할 수 있었습니다.

실험 candle in water는 양초에 무게 추를 달아 밀도 합이 1에 가깝도록 설정한 뒤 물에 겨우 띄워서 양초를 태웠을 때 양초는 겨우 떠있는 상태를 유지한다는 것을 알았는데 설명을 위해 적분을 이용하여 변해가는 밀도를 표시하고 바뀌는 밀도를 적용시켜 부력으로 상황을 설명하였습니다. 양초가 계속 떠 있을 수 있는 이유는 양초 위부분이 타면서 만들어내는 빈 공간 때문에 부력이 생기기 때문임을 알았고 밀도가 1보다 무거워져도 부력을 이용하여 뜰 수 있다는 결론을 냈습니다.

이러한 활동을 통하여 유체역학 관련한 레이놀즈수와 같은 심화적 지식을 획득할 수 있었고 모든 자연 현상을 이러한 과학적 과정으로 설명할 수 있음을 깨달았습니다.(999)

**2. 고등학교 재학기간 중 본인이 의미를 두고 노력했던 교내활동을 배우고 느낀 점을 중심으로 3개 이내로 기술해주시기 바랍니다. 단, 교외활동 중 학교장의 허락을 받고 참여한 활동은 포함됩니다. (1,500자 이내)**

기계연구와 제작에 있어 근본적인 발상과 착안이 되는 것은 자연이라 생각합니다. 새의 비행에서 글라이더를 착안한 것이나, 도마뱀 붙이의 발의 접착력을 모방해 만든 라이즈 로봇(반데르발스 힘)과 같은 자연 모방 기계들을 보며 그런 생각을 했습니다.

드론 사고를 보면서 드론이 프로펠러 없이 날 수 있는 방법은 없을까 생각했습니다. 호버크래프트는 너무 많은 프로펠러가 필요하고 무거워서 현실적으로 어렵다는 결론을 내렸습니다.

자연에서 이와 비슷한 것을 없을까, 생각하다 민들레 씨앗에 착안하고 민들레 씨앗은 어떻게 비행하는가? 공부하기 위해 네이처 논문, 'A separated vortex ring underlies the flight of the dandelion'을 참조하여 민들레 씨앗은 씨앗 위에 생기는 분리된 소용돌이에 의해 부양된다는 점을 알았습니다.

낙하산과 비슷한 원리인데, 민들레 씨앗은 공극률이 커 종단속도에서 같은 질량의 원판에 비해 단면적이 작은 것을 알았고 이로 민들레씨앗이 4배 이상의 저항계수를 가져 매우 경제적인 구조임을 알았습니다. 민들레 씨앗과 같은 질량의 원판 레이놀즈수를 비교하니, 민들레 씨앗이 더 큰 레이놀즈수를 가지고 있지만 불안정한 흐름을 가지지 않는 이유가, 반투과성 막 형성효과를 내는 민들레 씨앗 필라멘트의 작은 레이놀즈수에 의한 것임을 확인하였습니다.

이 원리를 실리콘에 적용하면 민들레 씨앗과 유사한 형태로 만들고 크기를 키워 센서를 장착하고 풍동실험 장치를 이용하여 실험이 가능하다 판단하였습니다. 이때 크기가 커져 공극률이 변화하게 되어 지나치게 많은 공극이 생기면 반투과성 막 형성이 힘들 수 있으므로 공극률을 민들레 씨앗과 유사하게 설정하기 위해 필라멘트의 개수를 늘려 설계 할 필요가 있음을 알았습니다.

그 후 풍동 실험 결과로 종단 속도 값을 얻은 뒤 항력계수 $F/0.5\rho U2$을 이용하여 항력이 민들레 씨앗과 유사한지 검증 과정을 거치면 민들레 씨앗의 원리를 이용한 드론을 만들 수 있다 생각하고 이를 설계하였습니다.

민들레 씨앗을 모방한 드론은 낙하산을 이용하여 탐사선을 떨어뜨리는 방식보다 효율이 좋고 프로펠러 방식에 비해 기동성은 뒤지지만 더 안전하다는 장점이 있습니다. 자연의 이치를 분석, 규명하는 일이 매우 중요하고 이를 통해 과학기술을 발전시킨다는 것을 체험적으로 알게된 활동이었습니다.

창의적 동아리 활동으로 매주 기계의 구조와 작동 원리, 물리 역학을 공부하는 기계공학 동아리 ooo (Noo Moooo Robot)에서 연구와 제작활동을 하였습니다.

영문 서적 'A Practical Guide to Designing Wooden Wheeled Clockworks'을 번역하고 세미나로 발표한 후 기어의 주기, 기어 설계 방식, 기어이 형성 방법에 따라 ink scape 프로그램으로 타원 모양 기어, 네모 기어와 같은 기어를 설계하고 레이저커터기와 CNC로 목재와 아크릴판을 가공해 실제 기어를 만들었습니다.

기계장치에 대한 기초적인 이해와 제작 실전에서 사용되는 물리학과 제작 기술을 실제 경험할 수 있었습니다.(1497)

**3. 학교생활 중 배려, 나눔, 협력, 갈등관리, 리더십 발휘 등을 실천한 사례를 들고 그 과정을 통해 배우고 느낀 점을 기술해주시기 바랍니다. (1,000자 이내)**

포항지진으로 이재민들이 어렵게 생활하는 것을 보고 친구 4명과 ooooo 프로그램 일 년 일정으로 재난 구조 로봇을 제작하기로 하였습니다. 6개월간 아이디어 구상 및 재료신청, 설계도 작성과정을 거치고 6개월은 제작기간이 었습니다.

아이디어 구상 및 재료과정에서 의견충돌이 있었는데 구동부에서 캐터필러냐 큰 고무바퀴냐의 충돌부터 로봇의 높이 조절에 작키와 유압프레스를 놓고 분쟁이 있었습니다. 의견다툼에 지칠 정도였지만 프로젝트에 대한 기대가 크고 이성적으로 의견의 장단점을 고려하여 사업을 이어갔으며 이 과정에서 예산, 우리가 제어할 수 있는가 등 여러 가지 기준들을 만들어 적용하였습니다.

우여곡절을 거쳐 모두 동의할만한 로봇 도면을 만들었는데 막상 제작에 들어가면서 더 큰 분쟁이 시작되었습니다.

몸체, 시각처리, 구동부, 기타 기능을 나누어 맡고 서로 주어진 임무에 충실하자고 하였지만 이러한 기능은 서로 연결되고 영향을 받으므로 서로의 분야에 간섭하지 않을 수 없는 상황이 벌어졌습니다. 저는 기타 기능을 맡아 소화기 투척기, 방해물 절단기, 작키 높이 조절 부분을 맡아 진행하였는데 이는 주행동력, 회전기능, 센서 등과 깊이 관련되어 있는 것이었습니다. 이 과정에서 한 치도 물러서지 않는 갈등이 전개되었고 시각처리를 맡은 한 친구가 더이상 안하겠다며 프로젝트 중단을 선언했습니다.

이유는 시간을 너무 뺏긴다는 것과 팀원들과 의견이 너무 다르다는 것이었습니다. 프로젝트가 중단될 위기에 처하면서 저희들은 지금까지의 제작 방식과 자세에 대해 고민하게 되었습니다. 모두 한 발 물러서서 우선 다른 사람의 의견을 듣고 먼저 적용해보는 자세를 갖기로 하였는데 이런 방식은 시간이 훨씬 더 걸리는 일이고 근본적으로 동의할 수 없는 일도 있겠지만 결국은 이 방법이 목표에 도달하는 유일한 방법이라 생각했습니다. 친구를 설득하고 다시 작업이 진행되어 성공적으로 로봇제작을 마칠 수 있었습니다.

연구자들과의 공동연구와 작업에 있어서 가져야할 협력과 배려의 자세를 배울 수 있는 기회가 되었습니다.(996)

story 6

# 자연에는 직선이 없다

유니스트 / 경희대 사회기반시스템 / 아주대 건설시스템공학

# 자연에는 직선이 없다

유니스트 / 경희대 사회기반시스템 / 아주대 건설시스템공학

"

"모든 것은 자연이 써 놓은 위대한 책을 공부하는 데서 태어난다. 인간이 만들어 내는 작품은 모두 이 위대한 책에 쓰여 있다. 이 책은 전 인류에게 주어져 있으나, 이것을 읽는 데는 노력이 필요하며 또 노력을 기울이기에 합당한 책이다."

그의 건축물에는 직선이 거의 존재하지 않는다. '자연에는 직선이 존재하지 않는다'는 괴테 자연론의 영향을 받은 것이다. 어떤 건축사조에도 속하지 않았던 가우디에게 스승이 있다면 그건 자연이었다.

인류가 만들어온 건축물은 다양하고 화려해 보이지만 실상 땅을 다지고 기둥을 세운 뒤 지붕을 얹는 방법이다. 하지만 동물의 건축은 이렇게 일으켜 세우는 방식이 아니라 '아래로 늘어뜨리는' 방법을 택한다. 야자수와 바나나에서 섬유를 빼내 집을 뜨개질하는 베짜기새의 둥지가 그렇다. 가우디의 건축물에도 이런 늘어뜨리기 기술이 적용돼 있다.

"

'사실 과학기술은 한계에 부딪칠 때마다 자연에서 그 해결책을 찾아왔다. 자연은 단순한 재료, 단순한 방식으로 가장 효과적인 결과물을 얻어낸다. 최근 과학계에선 자연에서 영감을 얻는 생체모사(bioinspiration)와 자연을 모방하는 바이오-미메틱스(biomemetics)에 관한 관심이 더욱 높아지고 있다. 소리를 내지 않고 하늘을 나는 외양간올빼미, 깊은 바닷속에서 소통하는 돌고래, 어둠 속에서 청각을 이용해 길을 찾는 박쥐, 물방울을 이용해 표면 오염을 제거하는 연꽃잎 등은 수많은 공학에 영감을 주고, 해결책을 알려주고 있다. 가우디는 이러한 생체모사, 모방의 선구자로 여겨진다.'

## ● '학종'과 학생회장

'서홍'이도 앞에서 말한 경준이와 크게 다르지 않은 처지다.

성적도 비슷하고 과학고라는 환경, 활동이나 학습내용도 비슷하고 가지고 있는 고민도 거의 흡사하다. (그러니 개별적 디테일은 생략을 하기로 한다.)

여러 가지가 비슷한 상황에서 경준이와 다른 점은 크게 두 가지 정도다.

첫째는, 학교에서 전교 학생회장을 맡은 이력이 있다는 점이고, 둘째는 진로 희망을 '건축가'로 정하고 있는 점이다.

전교 학생회장 이력은 입시에 많은 영향을 끼친다. 결론적으로 말하면, 학생회장 경력은 어느 정도의 평가 가중치를 적용받는다고 믿을만하다. 그렇게 생각할 수 있는 사례가 여러 차례 있었다. 그러니 학생회장을 할 기회가 있다면 적극적으로 해보는 것이 좋다. 학생회장으로서의 활동은 빼놓지 않고 생기부, 자기소개서에 기술할 필요가 있다.[1]

이유는 간단하다. 현시대에 가장 중요한 자질 중 하나가 '리더십'이기 때문이다. 기업이든 국가나 사회 조직이든 목표를 이루기 위해서는 개인의 힘보다 집단, 팀의 힘의 더 중요하다. 그래서 스티브잡스는 일찌기 이렇게 말했다.

"사업을 할 때 훌륭한 일들은 절대 한 사람에 의해 일어나지 않는다. 훌

---

1) 흔히 '인성'이라고 하는 '학종' 평가 항목을 '착한 성품'이라고 생각하는 경우가 많은데, 그렇지 않다. 인성 중 가장 좋은 것은 리더십이다. '소통', '공감'하는 리더십이면 더욱 좋다.

룡한 일들은 여러 사람들의 팀으로 이루어진다."

시대를 꿰뚫어본 혜안이라 할 수 있다. 나아가 이런 말도 한다.

"혁신은 돈으로 만드는 것이 아니다. 혁신은 당신과 함께 하는 이들을 어떻게 리드하고 그들로부터 얼마나 많은 것을 끌어내느냐에 달렸다."

그러니 리더와 리더십이라는 것은 매우 중요하고, 학생회장은 그런 의미에서 공인된 '리더'로 인정 받을만하다.

스티브 잡스의 이야기를 자주 하는 것은 그가 근시기에 가장 큰 폭의, 가장 많은 혁신을 이끌어냈기 때문이다. 이전에는 전혀 없던 혁신적 잡스(jobs)을 많이 만들었다.

청동기에서 철기시대로 역사의 장이 넘어간 것은 '철'의 발명 때문이다. 하나의 혁신이 시대를 바꾸는 것이다.

'리더'의 중요성은 아무리 강조해도 지나치지 않는다.

많은 대학들이 학생회장이라는 역할에 많은 평가 가중치를 준다고 여겨지는 것도 이런 이유일 것이다. 그러니 일단 서홍이는 이런 점에서 좋은 평가요소를 하나 가진 셈이다.

● **건축가의 길** ─────────────────────────────────

　서홍이가 '건축가'를 희망한 것은 '아름다움과 멋, 명예'에 대한 동경이
었을까?

　서홍이를 설명할 수 있는 주요한 포인트는 다음과 같다.


　① 건축가가 되고 싶다.

　② 건축가를 희망하였으므로 한양대학교, 경희대학교 등의 건축 캠프
에 참가한 경험이 있고 지역 내의 건축 특강 등에 참여했다.

　③ 학생회장을 했다.

　④ 교내에서 내진 실험 등 건축 관련 실험과 활동을 한 경험이 있다.


　자기 딴에는 건축 관련한 활동을 제법 한 셈이다. 그렇지만 나는 서홍
이와 몇 번의 대화를 가진 후 그가 건축학도의 궁극적 목표인 '건축사'가
되기가 쉽지 않아 보였다.

　"현실적으로 건축가 되기는 쉽지 않다. 건축고시 통과하기가 바늘구멍
이다."

　대략 응시자의 4~10% 정도의 인원인 300~400 명 정도가 건축사 자격
을 얻는다. 의사 숫자의 10% 정도다. 시험과정이 쉽지 않은 것이다.

　"대학 생활 5년 동안 도면을 그리거나 건축물 모형 만들고, 밤샘작업도
수시로 한다. 캠퍼스의 낭만은 아예 생각도 못한다."

　이 역시 틀린 말은 아니다. 건축사가 되기 위한 길은 멀고 험하니까. 좀

'독한 학생'이 건축사를 하게 된다.

내 눈에 서홍이는 '건축사'에 대한 그만그만한 '낭만적 동경' 정도를 가진 것으로 보였을 뿐이다. 하지만 그에게 그런 얘기를 한 사람은 이제껏 없었던 모양이고, 서홍이 자신도 몇 년 동안을 건축사가 되리라 착실하게 생각해 왔던 참이어서 다소간의 '충격'은 있었을 것이다. (서홍이는 학교에서 자천타천 '미래의 르 코르뷔지에' 정도의 평판을 가지고 있었다.)

"수학과 물리학, 잘 하니?"

"………."

"좋아하니?"

"어렵습니다……."

표정이 다소 어두워진다. (수학과 물리학을 좋아하는 학생들은 드물다.)

"선생님……. 그래도 이제까지 건축사 하려고 준비했는데, 바꾸는 것도 미래가 염려스럽고, '학종'은 특히 전공적합성이 중요한데 이제까지의 건축학 준비과정이 입시에서 불이익이 있을까 걱정돼요."

진지한 염려였겠지만 내가 보기에는 단순히 '심리적인' 걱정 정도로 보인다. 실제로는 그렇지 않을 수 있다.

"그간의 생각이나 입시에 대한 걱정은 조금 미루고, 지금은 중요한 시기이니 다시 되짚어보는 것이 중요하다. 잘못을 바로 잡는 건 빠를수록 좋은 법이니까. 건축사가 되려는 이유가 뭔데?"

잠시 머뭇거리다가,

"사람들에게 쾌적한 환경과 편리성, 아름다움을 주고 싶어요."

거의 정답에 속할 수 있는 답을 한다. 속으로는 '멋진 일이잖아요!' 하는 생각이었을 것이다.

내가 발간한 '합격자소서 이렇게 쓴다' 책에서는 '정답을 찾지 말라'고 일관성 있게 말하고 있다. '학종'은 정답을 요구하는 것이 아니다.

"쾌적한 환경과 편리성의 추구가 어찌 건축에만 있겠니? 환경공학, 산업공학, 도시 설계, 원예와 조경도 그러하다."

나는 건축가가 되려는, 그래서 건축학과에 지원하려는 학생들을 자주 만난다. 건축가는 확실히 매력적인 직업이다. 이 사실을 부정하고 싶은 생각은 없지만 나는 대체로 건축사가 되려는 것을 재고해보라고 그들에게 권하곤 한다.

몇 해 전 서울대학교 건축학과에 일반전형으로 합격한 일반고 학생이 있었는데,(내신은 1.9 등급 정도이다) 그 학생의 경우라면 건축가 외에 달리 지원할 곳이 없어 보였다. 그만큼 건축에 대한 열망이 많았으며 고등학교 시절에 건축학과에 지원하기 위한 활동을 매우 즐겁게, 깊이 해온 학생이었다.[2]

나는 한 해 평균 건축학과에 지원하겠다는 학생들을 두세 명 이상 만난다. 모두 강한 열망이 있다고 한다. 그러나 앞서 서울대 건축학과에 합격한 그 학생과 같은 정도의 열정과 흥미를 가진 학생을 만나는 일은 드물었다. 그들이 건축사에 대한 강한 열망을 이야기 할 때, 나는 그 진지성과 실제의 노력과정을 살펴본다. 그리고 건축에 대해, 건축가에 대해, 수학과

---

2 ) 이 사례는 '합격자소서 이렇게 쓴다'에 수록되어 있다.

물리학에 대해 많은 시간을 이야기 한다.(이러한 것들이 상세히 보여야 '학종' 통과 가능성이 높기 때문이다.)

이러한 과정을 통해 대부분의 학생들은 막연히 알고 있던 '건축'이라는 분야를 구체적으로 알게 된다. 그리고 실제 자신과 잘 어울릴 수 있는 다른 분야(학과)로 진로를 변경하는 경우가 많다.

두 해 전에 이런 일이 있었다. 어느 한 여학생이 '건축학과'를 강하게 희망했다.

여러 번에 걸쳐, 오랫동안 이야기를 나눈 후에, 나는 그 여학생이 '건축'이나 '건축가'를 너무 낭만적으로 이해하고 있다는 점을 알고 실제 건축가가 되는 과정을 자세히 설명했다. 그리고 진학 학과를 변경하도록 권했는데, 그 여학생은 끝내 자신의 생각을 꺾지 않았다.

한편 보면 '확고한 결심'이 좋은 것 같았지만 내가 보기에는 가망이 없어 보였다.

어쨌든 당시 고등학교 1학년이었던 그 학생은 '건축학과'를 고집했고, 2학년 마치고 3학년 1학기 초가 될 때까지 '건축학과'에 가겠다는 입장을 일관되게 가지고 있었다.

그러니 1,2학년 동안 전공과정에 대한 활동은 모두 건축과에 초점을 맞출 수밖에 없었고 진로 희망란에도 '건축가'라고 버젓이 적게 되었다. '서울 건축비엔날레', '광주 비엔날레', '각종의 건축전' 탐방과 지역 건축물 연구, 건축 동아리 활동 등이 주요한 활동으로 기록되었다.

그러면서도 나는 염려스러웠다. 대학 진학도 걱정이었지만, 그 이후에 그 학생이 맞닥뜨릴 '건축가의 길'이 걱정되었던 것이다.

반전은 3학년 초에 왔다.

"선생님, 저 건축학과 포기 할래요!"

정기 상담 시간에 대뜸 이런 말을 한 것이다. 이때까지의 그녀가 보였던 태도를 보아서는 도저히 믿기 어려운 말이었지만 나는 속으로 '올 것이 왔군' 하는 생각이 들었다.(그 학생의 이런 결론도 일종의 '자기 검열'에 속한다.)

"무슨 일 있어?"

"건축학과 공부가 너무 어렵대요. 건축사 되는 것도 불가능해 보여요."

"그 이야기는 그간 계속 했던 것이잖아?"

"모대학교 건축학과에 다니는 친척 언니를 만났어요. 어떻게든 말리고 싶다고 하고, 언니 자신도 거의 포기상태래요."

애초 건축학과를 지원하겠다는 희망을 가진 것도 그 언니 때문이고 결과적으로 포기하게 된 것도 그 언니 때문이다. (만약에 '그 언니'가 고등학교 시절에 나를 만났다면 나는 십중팔구 그 학생의 건축학과 진학을 말렸지 않았을까 생각한다.)

하여간 이런 경우 열심히 본질을 설명하고 제시한 나로서는 다소 힘이 빠질 수밖에 없다. 하지만 실망할 필요는 없다. 그렇지 않은 학생들이 더 많으니까.

결국 그 학생은 그 시점에 이르러 건축학과 진학을 포기하게 되었다. 그간의 활동과 공부내용을 최대한 살리고 평가에 반영하기 위한 고심을 하다, '산업공학'으로 학과를 변경하게 되었다. (약간 억지스럽긴 했지만) 건축에 관한 그간의 공부와 활동을 '인간공학' 관점에서 새로 변경하여 활동을 이어갔다. 그리고 잘 알려진 서울 시내의 한 대학교에 합격하였다. 다행스러운 결과였지만 이제까지 해온, 건축학과 활동을 산업공학에 적용하느라 매우 애를 먹었으며 그간에 했던 많은 활동들이 아쉽게 버려지는 결과를 초래했다.

(이 이야기는 이전에 발간된 '학종돌파 8개 스토리'에 '킬로만자로의 표범'이라는 부제로 잘 소개되어 있다.)[3]

서홍이도 마찬가지다. 더구나 그는 벌써 3학년 4월달이다.
"도시공학 어떠니? 너에게 더 어울리는 것 같다."

그의 이야기를 천천히 듣고 나서 그렇게 말해주었다. 그리고 '히포다모스'와 '콘스탄티노플'을 예로 들어 도시설계의 내용과 중요성, 그리고 차별성도 이야기했다.

건축에서 여러 사람이 협업을 하기도 하고 역할을 나누는 경우도 있지만 대체로 개인적 역량이 차지하는 비중이 크다. 그런 만큼 개인에게 돌아오는 영예도 크다.

르 코르뷔지에, 안토니오 가우디, 프랭크 게리 등 세계적 건축가들의 이름은 아주 오랫동안 그들의 건축물과 함께 사람들의 기억에 남고 후세사람들에게 '미학적 영감'과 '새로운 가능성'을 선사한다. 매력적인 일이다.

도시설계는 범위와 규모가 그보다 훨씬 큰 사업이다. 많은 사람들과 협력하고 역할을 나누고, 전문성을 조화시켜야 한다.

그리고 그 자신의 명예로 남는 일도 별로 없다.

---

3) '학종돌파 8개 스토리 – 시즌1 : '점들의 연결'에 수록되었다.

만리장성을 쌓은 것은 '진시황'이고, 비잔틴을 난공불락으로 만든 것은 '테오도시우스'다. '수원 화성'을 만든 이는 '정조'로 남는다. 세계적 건축물인 '성소피아 성당'은 '안테미우스'와 '이시도루스'가 설계 했지만 사람들은 '유스티아누스 1세'가 이를 만들었다고 알고 있다. '순천만 국가정원'을 만든 사람은 '순천시장'이라는 것과 같은 이치다.

또한 도시의 건설은 거기에 거주하거나 방문하는 다수의 사람들을 고려하고 쾌적함과 편리성, 효율성을 주어야 하며 나아가 오랜 기간 동안의 지속성을 부여하는 일이어서 보다 큰 사명감도 필요하다.(다수의 사람들 취향은 얼마나 다양한가!)


"르 코르뷔지에는 건축가로서 큰 업적을 남겼지만 도시설계로도 커다란 발자취를 남겼는데 인도의 '찬디가르' 도시를 재창조했다. 폐허와 다름없는 도시를 가장 가치가 높은 도시로 바꾸었으니 재능을 보다 큰 범위에서 발휘한 셈이지."

"아, 그런가요……!"

"자연계에는 직선이 존재하지 않는다. 유연하게 생각해라."

학생회장 역할로 얻은 리더십을 써먹기에도 이 분야가 더 적절할 것이다.

여러 번 설명과 상담 끝에 서홍이는 결국 도시공학(설계) 분야로 진학 방향을 바꾸었다. 그리고 얼마간 그 분야를 탐구하면서 점차 만족감이 커져서는, 이렇게 말했다.

"제가 하고 싶은 분야가 바로 이거였다는 생각이 들어요!"

막상 이렇게 정하고 나자 어떤 일을 해야 하는지, 서홍이는 잠시 어리 둥절했다.

"이제까지 했던 일의 재구성이지. 각도가 달라졌으니 거기에 맞추자."

먼저, 해야 할 일을 제시하고는 이제까지 했던 그의 교내외 활동들을 정리했다.

"다음으로는 창의적 활동이다."

'창의적'이라는 말을 나는 자주 쓰지 않는다. 세상에 그 말이 너무 많기 때문이다. 어디에나 '창의적'이라는 말은 넘쳐난다. 그러나 실상 정말 '창 의적'인 것은 보기 드물다.

그러니 이 '창의적'이라는 말을 듣는 학생들은, '늘 하는 말'이라거나, '대체 무엇을 하라는 거지?'라는 의문을 갖는다. 너무 많이 사용되어서 오 리려 '창의성'을 잃어버린 역설적 단어가 되어버렸다.

'창의성'이 이루어지기 위한 전제 조건으로 나는 첫 째, '지식'을 꼽는 다. 지식이 없으면 창의적 사고가 이루어지지 않는다.

'창의력은 사려 깊은 모방과 다르지 않다'는 볼테르의 말은 창의력의 속성을 잘 말해준다. 지식을 가지고 바라본다면 똑같은 일도 다르게 보일 수 있고 다른 무엇과 결합해 낼 수 있는지 사고하게 된다.

창의성이란 멀리 있는 것이 아니다. 앞장에서 말한 '민들레씨앗의 비행 원리'는 그 하나로 많은 창의적 영감을 주지만 관련된 지식이 있는 사람

190

에게만 해당되는 말이다. (지금 당장 그런 지식과 안목이 없다면, 지금부터 쌓으면 되는 일이다.)

다음으로는 고정관념의 타파다. 비자카드의 설립자이며 CEO인 Dee Hock은, '문제는 어떻게 새롭고 혁신적인 생각을 하느냐가 아니라 어떻게 오래된 생각을 비워내느냐 하는 것이다. 모든 사람의 머릿속은 케케묵은 가구로 가득 찬 건물과 같다. 한쪽 구석을 비워낸다면 창의성이 즉시 그 자리를 메울 것이다'라는 말로 유명하다.

서홍이가 1,2 학년 동안 했던 활동을 정리하여 보면 다음과 같다.

① 물리탐구반 활동 - 활동이 특정되지 않음.
② 1학년 자율동아리 - CAD 배우고 활용
③ 봉사 활동 (과학멘토) - 태양열을 활용한 풍차 만들기, 트러스 구조실험 등 과학실험 지도
④ 건축물 모형 만들기 - 혼자 사는 집, 피아니스트를 위한 집 등
⑤ 2학년 자율동아리 '건축' - 독서와 토론
⑥ 기타 - '인간과 애완동물의 주거공간', '친환경적 주거 공간', '전기차 충전소 문제 해결방안 제시' 등

다른 활동이 여럿 있었지만 실질적으로 눈여겨볼 만한 활동은 이 정도이다.

어찌 생각하면 '건축'과 '도시설계' 등에서 활용할 내용이 없지는 않다.

그러나 이러한 활동들은 '대체로 평범한' 활동에 속한다.

이 학생이 가진 내신 성적을 고려한다면 이 정도로 무언가 좋은 결과를 기대하기는 쉽지 않다.(바꾸어 말하면 내신 성적이 좋은 경우에, 이 정도의 스펙만으로도 좋은 결과를 만들 수 있을 것이다.)

이 지점에서 '창의성 있는 어떤 한 방'의 필요성을 또 느끼게 된다.

이야기는 자연히 3학년 활동으로 옮아간다. '건축'에서 '도시공학(설계)'으로 전공이 달라졌고, 무언가 의미 있는 묵직한 활동이 하나 필요한 상황이다.

활용이 가능한 3학년 활동 중 중요한 몇 가지를 정리하니 다음과 같다.

① 전교학생회장 활동 – 학생들의 생활과 공간 활용을 결합하는 내용
② 학교에서 시행하는 '학급 특색사업' – 도시공학적 내용을 접근
③ 학교 체험 학습 – 전공과 직결되는 내용으로 접근
④ 자율동아리 활동 – 전공 심화 지식을 습득하는 과정

이 외에 기타 활동이 더 있으며 활용이 가능하지만 우선 이 정도만 가지고도 내용을 충실히 채울 수 있을 것으로 보인다. 계획을 세우고, 항목별로 활동을 충실히 이행했다. 전공과 관련되어 있어서 활동은 그리 어렵지 않고 오히려 재미를 느낄 수도 있다.

(그 기간 동안 중간고사와 기말고사도 열심히 준비했지만 노력에 비례하는 결과를 얻지는 못했다.)

각각의 활동은 잘 진행되어 다음과 같이 기록되었다.

## 1. 진로희망

진로희망 : 도시공학 전문가

　건축가를 희망하며 건축에 대한 공부와 활동을 꾸준히 전개하고 kmooc '도시와 환경디자인' 등의 강의를 통해 도시환경이 인간의 삶에 미치는 영향 탐구 등을 통해 도시와 인간 삶과의 관계를 이해함. 학교가 위치한 OO시와 인근 OO시 등의 건축과 도시를 연구하며 대도시 중심으로 도시가 발전하고 중소도시가 낙후, 소멸되는 과정을 보며 도시재생과 인간들의 쾌적한 삶을 구현하는 일에 관심을 가지게 됨. 워싱턴DC를 설계한 도시공학자 '랑팡'이 워싱턴을 설계하며 당대의 국가 사회적 문제를 어떻게 반영하였는지 탐구하였으며 미래형 도시공학 전문가로서 OO, OO 등 지역의 재설계를 통해 우리나라 대도시와 중소도시가 상생하는 국토의 균형발전에 기여하겠다는 포부를 가짐.

## 2. 자율 활동 : 주요 내용(일부)

전교학생회장으로서 학생급식식당과 강당 재건축 장소 및 시설에 있어 학생들의 의견을 취합, 교장선생님 등 학교와 조율한 후 건축사와 기술적 내용을 심도있게 상의하여 모두가 만족하는 결과를 만듦.(후략)

학급특색사업에서 OOO, OOO 교수의 논문 '도시재생을 통한 창조도시 만들기: 지방도시재생을 중심으로(논문한국지역개발학회지)'와 '도시는 무엇으로 사는가' 등의 책을 읽고 '도시수명지수'라는 독특한 기준을 출산율, 인구유입, 노령화, 인프라, 도시 GRDP등 특정 지표를 중심으로 작성하여, 수치로 객관화하는 창의적 모습을 보임.

선유도 체험학습 관련하여 'KBS특선다큐– 섬의 선택, 다리의 두 얼굴'을 보고 증도의 '슬로시티' 개념이 연륙교로 인해 위협받는다는 점을 인식함. 섬의 '개성'과 '접근성'은 적절한 균형이 필요하며 긍정 효과와 함께 환경, 경제적 역효과에 대해서도 신중한 고려가 필요함을 알게 됨. 섬이었던 선유도가 군산시와 연륙교로 연결된 후의 섬 주민들의 생활, 경제, 문화 등의 변화를 조사함.

교내 강연에서 플로팅 건축 강의를 듣고 이를 탐구함. 한강의 새빛둥둥섬, 북한의 해금강호텔, 시애틀에 있는 유니언 호수 플로팅 건축물이 대표적이라는 점을 알게 됨. 우리나라는 플로팅 건축에 대한 법제화가 미흡하였는데 이는 부유식 건축물에 대한 건축법의 미비 때문이라는 점을 알고 제도와 건축의 관계에 대해 고민하는 계기가 됨.

이 내용 대부분이 매우 좋은 공부과정을 제공하고 스스로 탐구하여 얻을 것도 많은 것이지만 그 중 가장 핵심적인 내용은 학급 특색사업으로 실시한 도시 재생에 관련한 것이다. 말하자면 종합적인 노력 과정을 보일 수도 있고, 그 과정에서 창의적 발상을 보일 수도 있기 때문이다.

이 내용은 꽤나 꼼꼼한 탐구와 활동을 거쳐 다음과 같은 내용으로 기록되었다.

학급 특색사업으로 '도시수명 연구'를 하였습니다. 근처 A시와 B시는 도시가 쇠락하고 활력을 잃어가는데 이는 대도시 집중현상으로 설명되는 현상이지만 저는 근본적인 문제가 무엇인지, 해결할 방법은 없는지 연구하기로 하였습니다.

처음 한 일은 이들 도시의 도시수명 파악입니다. '도시수명' 개념은 제가 임의로 설정한 것인데, 도시 기능을 유지하며 지속할 가능성을 수치화 한 것입니다. 도시 소멸 지수를 참조하고 출산율, 인구증가율, 고령인구비율, 타 시군과의 교육인프라 비교지수, 문화만족도, 도시 GRDP 추이 등이고 이를 비교 수치로 표시했습니다.

2년 통계자료를 활용하여 출산율은 A, B, C 순으로 1.05~1.2% 정도로 큰 차이가 없었으나 인구증가율은 A가 0.45% 상승하는데 비해 B와 C는 0.31~1.97%까지 감소하고 있었습니다. 고령인구 비율은 A 12.51%, B 16%, C 17%로 차이를 보였습니다.

2016년 GRDP는 A 12,082,387(백만원), B 9,949,215, C 6,954,851
이며 인구수는 A 65.11만, B 27.26만, C 29.41만명이고 교육인프라, 문화
시설과 만족도, 교통인프라에 기반한 도시만족지수를 산출하고 이를 분석하
여 만든 도시수명지수는 A 6.8942, B 4.2857, C 4.8494로 표시되었습니
다. 특이점은 연도별 지수의 추이인데 A에 비해 B와 C는 수치가 빠르게 낮
아지고 있어 이른바 '깨진 유리창 효과'에 의한 악순환 과정이라 판단할 수 있
었습니다.

이 기준과 지표를 정확하다 말하긴 어렵지만 인간의 기본적 삶을 기준으로
산출하고, 이 수치가 실제 A, B, C의 삶의 만족도 순서와 크게 다르지 않다는
점에서 의미가 있었습니다.

막연한 생각 정도였던 도시문제를 수치화하고 확인한 점에서 활동의 의의
를 평가할 수 있었으며 이를 통해 도시문제 해결단서를 찾을 수 있겠다 생각
했습니다. 또한 이 지수로 다른 도시의 도시수명을 수치화 할 수 있어 확장성
을 가질 것으로 생각하였습니다.

이런 활동 과정은 그 자체로도 재미가 있으며 의미가 있는 활동이고 자
신의 진로 분야에 대한 깊이 있는 탐구과정을 거치며 전공 이해를 돕게
된다. 매우 진지하고 즐겁게 이 활동을 마쳤다.

결국 이 학생은 서울의 경희대, 시립대, 아주대, 그리고 과기원에 최종
합격한다. 그리고 과기원을 선택하여 입학하였다.

● 주변을 둘러보고 보다 진지하게 고민한다면

이 학생이 내신 등급이 아주 낮았음에도 합격한 배경에는, '과학고'라는 학교 프리미엄이 어느 정도 작용하였을 것이다.

그러나 '전적'으로 그렇지는 않다. 동일한 학교에서 이 학생보다 우수한 성적을 가진 학생들이 이 학생만한 입시결과를 만들지 못하는 경우가 대부분이기 때문이다.

'과고생이니까 합격했다'고 생각한다면 내가 할 수 있는 일은 아무 것도 없다. 그러니 아무 것도 변하지 않는다.

지금 주변을 둘러보고 학교 내에서, 혹은 자신 스스로 할 수 있는 일은 무엇일까, 생각해 보라. 자신의 주변에는 자신이 활용할 수 있는 교내 활동, 책 등이 무수히 많다.

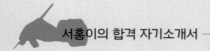

**1. 고등학교 재학기간 중 학업에 기울인 노력과 학습경험에 대해 배우고 느낀 점을 중심으로 기술해 주시기 바랍니다. (1,000자 이내)**

우리 학교 물리인증제는 물리실험 12개 이상을 이수하고 보고서 제출 및 시험을 통해 인증되는데 총 7명 정도 통과할 만큼 어려운 과정입니다. 이수 학생이 적어 성적평가에는 불리했지만 저는 물리를 택해 공부하고 인증제를 통과했습니다.

물리는 세상의 일들을 분석하고 해결하는 열쇠라고 생각합니다. 저는 건축 공부 중 타코마다리 붕괴사건을 접하고 충격을 받았습니다. 190km강풍에 견디도록 설계된 철구조물이 70km바람에 붕괴된 이유는 물체의 고유진동수와 동일한 진동수가 주기적으로 전달될 때(공진) 진폭이 크게 증가하는 공명현상 때문임을 알고 물리공부의 중요성을 다시 인식하였습니다.

R&E 맥놀이와 진동을 공부하고 지진 대비 설계과정을 배웠습니다. 건축물은 지진, 바람, 내부의 진동으로 흔들리는데 풍하중은 건물의 외형, 지진하중은 고유진동주파수와 관련이 있습니다.

지진하중은 질량과 가속도의 곱인 관성력이고 내진설계는 5층이하 건물에서 공진현상으로 더 큰 피해를 입는데 지진 진동주기가 0.2~0.4초(2.5~5Hz)이고 건물 고유진동수가 10/층수로 계산되어 5층 고유주파수가 약 2Hz이기 때문입니다.

면진설계는 지반 발생 지진력을 구조물과 구조적으로 격리시키는 것으로 저는 발사나무 건축모형을 만들고 기초 면진설계에 따라 모형 바닥 네 귀퉁이에 볼을 놓고 테두리를 만들어 면진장치를 설치했습니다. 바닥면을 흔들어 비교하여 제진설계 건물은 구조물인 발사나무가 힘을 받아 휘는데 반해 면진 건물은 바닥면과 건물의 밑부분이 함께 흔들리며 충격을 흡수하였습니다.

정량적 수치를 얻는 방법을 고민하다 실험에서 제가 바닥을 흔들 때 주는 힘, 건물에 전해진 힘의 크기가 정량적이지 않음을 알았습니다.

바닥에 고정시킨 핸드폰 지진계 앱으로 지진의 세기를 측정하여 첫째 문제를 해결하고 두 건물에서 쏟아지는 물의 양을 비교한 수치로 앞서 한 시각적 실험의 결과와 일치함을 확인하였습니다. 자연현상에 대한 지식의 중요성, 물리학을 활용하여 이를 해결하는 과정에서의 지식과 창의적 발상의 중요성을 깨달았습니다.(999)

**2. 고등학교 재학기간 중 본인이 의미를 두고 노력했던 교내활동을 배우고 느낀 점을 중심으로 3개 이내로 기술해주시기 바랍니다. 단, 교외활동 중 학교장의 허락을 받고 참여한 활동은 포함됩니다. (1,500자 이내)**

학급 특색사업으로 '도시수명 연구'를 하였습니다. 근처 A과 B는 도시가 쇠락하고 활력을 잃어가는데 이는 대도시 집중현상으로 설명되는 현상이지만 저는 근본적인 문제가 무엇인지, 해결할 방법은 없는지 연구하기로 하였습니다.

처음 한 일은 이들 도시의 도시수명 파악입니다. '도시수명' 개념은 제가 임의로 설정한 것인데, 도시 기능을 유지하며 지속할 가능성을 수치화 한 것입니다. 도시 소멸 지수를 참조하고 출산율, 인구증가율, 고령인구비율, 타 시군과의 교육인프라 비교지수, 문화만족도, 도시 GRDP 추이 등이고 이를 비교 수치로 표시했습니다.

2년 통계자료를 활용하여 출산율은 A, B, C 순으로 1.05~1.2% 정도로 큰 차이가 없었으나 인구증가율은 A가 0.45% 상승하는데 비해 B와 C는 0.31~1.97%까지 감소하고 있었습니다. 고령인구 비율은 A 12.51%, B 16%, C 17%로 차이를 보였습니다.

2016년 GRDP는 A 12,082,387(백만원), B 9,949,215, C 6,954,851이며 인구수는 A 65.11만, B 27.26만, C 29.41만명이고 교육인프라, 문화시설과 만족도, 교통인프라에 기반한 도시만족지수를 산출하고 이를 분석하여 만든 도시수명지수는 A 6.8942, B 4.2857, C 4.8494로 표시되었습니다. 특이점은 연도별 지수의 추이인데 A에 비해 B와 C는 수치가 빠르게 낮아지고 있어 이른바 '깨진 유리창 효과'에 의한 악순환 과정이라 판단할 수 있었습니다.

이 기준과 지표를 정확하다 말하긴 어렵지만 인간의 기본적 삶을 기준으로 산출하고, 이 수치가 실제 A, B, C의 삶의 만족도 순서와 크게 다르지 않다는 점에서 의미가 있었습니다.

막연한 생각 정도였던 도시문제를 수치화하고 확인한 점에서 활동의 의의를 평가할 수 있었으며 이를 통해 도시문제 해결단서를 찾을 수 있겠다 생각했습니다. 또한 이 지수로 다른 도시의 도시수명을 수치화 할 수 있어 확장성을 가질 것으로 생각하였습니다.

저는 3년간 꾸준히 건축과 도시에 대한 공부와 활동을 하였습니다.

지역 건축문화축제, 소쇄원 탐방, 동대문디자인 플라자, 에너지 드림센터 투어에 참가하여 건축과 도시공학 지식, 경험을 넓혔으며 경희대, 서울대, 한양대 등 대학 건축캠프에 참가하여 설계개념과 기술적 내용을 익혔습니다.

인상 깊은 활동은 파빌리온 설계입니다. 잔디밭과 벤치가 설치되었지만 사람들이 잘 이용하지 않는 아파트 근처 대학 부지가 제시되었는데 저희들은 그 사이트의 특징을 파악하여 구조물과 건축물의 중간 형태인 파빌리온으로 바꾸자 계획하고 개방성과 접근성을 살려 폐쇄적 구조인 잔디와 나무를 재배치하고 자연환경을 활용한 파빌리온을 설계하였습니다.

각자의 설계안을 종합하여 디자인하고 스터디모델을 만들어 좋은 평가를 받았습니다.

하나의 건축물을 구성하는데 있어 사람들과의 관계, 주변 공간과의 조화, 디자인과 조형미 등의 중요성을 깨달은 활동이었으며 건축과 도시공학이 왜 인문학의 영역인지 이해할 수 있었습니다. (1497)

**3. 학교생활 중 배려, 나눔, 협력, 갈등관리, 리더십 발휘 등을 실천한 사례를 들고 그 과정을 통해 배우고 느낀 점을 기술해주시기 바랍니다. (1,000자 이내)**

1학년 때 학생회 부회장으로 활동하다 2학년에 학생회장으로 선출되었습니다. 과학고라는 특성상 학생들은 주로 자신만의 연구 분야, 학습과정을 중시하고 누가 보기에도 불편한 학교 내의 여러 환경들은 '내 문제'가 아니라는 분위기가 많았습니다. 이러한 분위기에서 제가 학생들에게 약속한 것은 '학교 공동체' 개념이었고 저는 이것을 '공동체 리더십'이라 생각했습니다.

교내 자판기 설치는 매년 있어온 학생들의 숙원이었습니다. 번번히 회장선거에서 공약으로 제시되었지만 학교의 반대로 수년째 설치되지 않았습니다. 전원 기숙사 생활 중이어서, 일주일 내내 주스 한 잔 마시기 어려울 경우도 있었고 부모님들은 주말마다 음료수 공급하여 냉장고에 넣기가 바빴습니다.

학교에 미설치 이유를 질문하니 외진 곳이고 학생 수가 적어 업체가 설치를 꺼린다는 말과, 교육청규정에 어긋나는 사항이 있을 것이라는 답이 돌아왔는데 이는 매년 같은 내용이었습니다. 저는 직접 교육청에 문의하였고 회답은 문제가 없다는 것이었으며 직접 자판기 회사에도 전화하여 설치를 부탁하였습니다. 이후 업체와 몇 번의 상담을 이어갔으며 자판기가 마침내 설치되었습니다.

놀라운 일은 그 다음에 벌어졌습니다. 한 가지 오래된 문제가 해결되자 다음으로는 학교 강당과 급식실의 신,개축 문제가 불거졌습니다. 주로 위치를 놓고 학교선생님들은 관리 문제로 운동장에 설치하기를 원하셨고 학생들은 기숙사 근처 강당과 식당의 2층 구조를 원했습니다. 교육지원청, 학교, 그리고 저와 건축사까지 참여한 회의를 수차례 열어 학생들의 의견을 적용한 합리적인 안으로 결정할 수 있었습니다. 이 과정에서 저는 건축물이 가진 실용적 기능도 사용자에 따라 많이 달라질 수 있음을 알았습니다.

　학교는 많이 달라졌습니다. 자판기 근처는 교내 까페처럼 단장 되어 학생들의 휴식공간이 되었고 학교에 대한 학생들의 관심과 참여가 늘었습니다. 가장 큰 변화는 선배, 후배로 불리던 호칭이 형과 이름으로 바뀐 것입니다. 나부터 적극적으로 앞장서야 공동체가 발전한다는 점을 깨달았습니다. (997)

story 7

신념의 성공학

숙명여대 기초공학부 / 아주대 환경 안전

숙명여대 기초공학부 / 아주대 환경 안전

"

테슬라와 스페이스X, 솔라시티의 CEO인 남아프리카 태생의 일론머스크는 특이한 인물임에 틀림없다. 그는 아주 작게 시작하여 가장 커다랗게 성공한 기업가다. '기업'이라는 형식으로 성공했으니 기업가라 하는 것이 맞겠지만, 그는 '모험가'에 가깝다.

사업을 시작하면서 그는 인류의 가장 커다란 문제를 해결하려는 꿈을 가진다. 에너지 혁명, 환경, 우주개척 등이다. 이 꿈들은 인류의 미래와 매우 밀접한 관련을 가지고 있다.

그는 '테슬라'를 세계 일등 전기차 업체로 만들었으며 2020년 5월 31일에는 유인우주선 '크루 드래곤'을 우주에 쏘아 올려 우주정거장(ISS) 도킹에 성공했다. 실제 그는 자신의 '꿈'을 현실화 시키는데 매우 근접해 있다.

머스크 상상력의 원천은 주로 만화와 게임이었다고 한다. 그래서인지 그의 이상과 삶은 거의 '공상적' 수준으로까지 보인다. 그렇지만 그는 그 '공상적' 꿈을 실현하였고 또 실현해가고 있다.(그는 영화 '아이언 맨' '토니 스타크'의 실제 모델이기도 하다.)

일론머스크는 우주, 에너지, 환경이라는 다소 공상적인 지향을 우직하게 밀고 나가 성공을 거둔 다소 이상한, 신념의 사업가다.

"

일론머스크는 '괴물', '천재', '괴짜사업가', '미래설계자' 등의 닉네임으로 불린다. 그 말이 그에게 결코 이상하지 않다. 미래에 대한 뛰어난 감각과 판단력까지 가지고 있다. 그리고 인류적 사명감까지.

관점을 달리해보면 그를 이야기 할 수 있는 키워드가 대체로 두 가지 정도 또 있다.

우선 그는 '신념적 도전자'다. 뚝심의 소유자, 천운을 타고난 사업가다. (운이란 '하늘은 스스로 돕는 자를 돕는다'는 말이다. 준비된 자가 행운은 얻는 법이다!)

전체적으로 성공가도를 달려온 것으로 보이는 그의 인생은 곳곳에서 실패와 파산에 직면했다. 동업자가 이탈하여 경쟁한 적도 있고 한 때 잘 나가던 엑스닷컴과 합병한 '페이팔paypal'은 현금이 바닥나고 머스크는 직원들에 의해 CEO 자리에서 밀려나기도 한다.

스페이스X 창업 후, 2003년 발사를 장담했던 우주선 펠컨 1호의 발사를 거듭 연기하다가 2008년에야 성공하게 된다.(2005년 발사 취소에 이어 2006년 발사 실패, 2007년 궤도 진입 실패, 2008년 초 다시 실패한 후, 2008년 8월 29일에야 성공적인 발사와 궤도진입이 이루어진다. 기존 로켓 발사비용의 4%, 우주왕복선의 1%의 비용으로 성공한다! 이후 2010년 6월, 12월과 그 이후 거듭 성공을 거두며 급기야 2020년 5월에는 민간유인우주선을 ISS에 보내는데 성공한다.)

2006년에 거듭되는 발사 실패로 스페이스X는 완전 파산 직전에 이르렀지만 NASA의 '상업용 궤도 수송 서비스' 사업파트너가 되면서 극적인 부활의 계기를 만든다. 그리고 결국 성공에 이른다. 그의 전기차 업체 '테슬라'는 위기에 처한 상황이었고 부인과는 이별하는 시련 와중이었지만 그는 목표를 포기하지 않았다.

두 번째는 '미래를 보는 그의 안목'이다.

그는 1992년 대학시절부터 물리학 그리고 태양열발전과 에너지 분야에 관심을 가졌다. 1994년에는 실리콘밸리에서 슈퍼축전지를 사용한 전기차와 하이브리드차를 연구했다. 1995년 글로벌 링크 인포메이션 네트워크(후에 ZIP2로 사명 변경)를 창업하여 1998년 경쟁사인 시티서치와 합병, 합병취소, 그리고 다시 1999년 컴팩 컴퓨터에 이를 매각한다. 그해에 다시 엑스닷컴(X.com)을 설립하여 인터넷 금융을 시작한다. 경쟁사와 합병하여 페이팔paypal로 사명 변경, 2002년 이베이에 매각한다. 그리고 테슬라, 스페이스X, 솔라시티 등을 창업한다. 숨가쁘게 달리는 사람이다.

모두 당대에 생각하기 힘든 앞선 분야에서 두각을 나타낸 것이다. 세계적 이슈로 등장한 전기차, 민간 우주산업, 친환경에너지 분야 등이 모두 그렇다. 앞으로 더욱 첨단화 되고, 비중이 커지는, 그런 분야이다. 뛰어난 미래 안목을 가진 사람이라 할 수 있다.

그의 성공은 '행운'이 아니라 그저 '미래사회에 대한 신념과 노력의 대가'라 불릴만하다. 그의 도전은 아직도 멈추지 않았다.

(일론머스크의 이야기를 장황하게 하는 것은 이 사람의 인생에서 '영감'을 얻을 수 있기 때문이다. 경영학, 경제학, 물리학, 환경공학, 에너지, 우주공학을 지원하려는 학생들에게는 더 그럴 것이다!)

## ● 관련성의 문제

'조경학'을 전공하려는 2학년 학생이 전화를 걸어왔다.

"선생님, 학교에서 자유주제로 연설문을 작성하는 수업이 있어요. 현재 사람들이 관심을 가지고 있는 얘기를 주제로 하는 것이 좋을까요? 아니면 제 진로와 관련해서 작성하는 게 좋을까요?"

묻는다.

"그게 다른 게 아닌데? 생각해둔 것은 있어?"

"미세먼지가 예시로 나오긴 했어요. 그게 제 진로와 아주 잘 들어맞는 것은 아닌 듯해서……."

이런 유형의 질문을 자주 받는다. 양자 선택에 있어 어떤 하나를 선택 하면 다른 하나는 버려지는 것처럼 생각한다.

"코로나가 지금 세계적 이슈지. 코로나 발현, 생산 활동 멈춤, 미세먼지 발생 저감, 환경 개선됨. 이런 이야기 구조에서 자연과 더불어 사는 것의 중요성과 일상적인 자연친화 정책, 즉, 조경, 정원 문화의 필요성, 순천만 등 우리 주변의 아름다운 정원과 그 역할(이 학생은 전남 지역 학생이다), 자 연에서 온 인간은 자연과 더불어 살아야 함. 코로나를 통해 자연과 더불 어 사는 건강한 삶을 되돌아보게 하는 기회가 됨. 이런 얘기가 가능하지 않을까?"

"일단 끊겠습니다. 들은 말이 날아갈 것 같아서요! 써보겠습니다!!"

'미세먼지'라는 주제는 얼마든지 확장과 연결이 가능하다. 세상의 모든 일은 어떤 형태로든 연결되어 있다. 그 연결 고리를 찾지 못하는 것은 관런 지식과 사고의 문제이다.

리처드 도킨스는 '밈meme'이라는 생명학적 개념을 문화적 복제와 확산까지 넓혀 제시했다. 자연의 이치란 그렇다.

늘 하는 얘기지만 학생들에게 이러한 힌트를 주는 일은 매우 중요하다. 그 다음부터 해당 학생은 상상력을 발동한다. 그리고 공부한다. 질문을 한 그 학생도 내가 생각한 이상으로 창조적인 글을 만들 수 있을 것이다.

'창의력은 사려 깊은 모방과 다르지 않다'는 볼테르의 말은 자주 곱씹어볼만한 말이다.


하나 덧붙여서 이야기 해주고 싶은 것은, 너무 진로 관련성에 강박감을 갖지 말라는 말이다. 학생은 학생이다. 어떤 한 분야에 미친 듯이 몰두하거나, 눈에 보이는 성과를 내야한다는 것은 강박에 해당하다.(과유불급, 지나치지 말라는 의미이다.)

가장 중요한 것은 주어진 학업과 활동을 해결하는 능력과 창의적 사고 능력이다.

'수학을 잘 하는 자연계열 학생은 앞으로 대학에서 주어지는 (전공)학업에 작 적응할 수 있을 것이다.'

이렇게 생각하는 게 대학이다. 방점은 '수학을 잘한다'는 것이다. '잘한다'는 것은 '성적도 포함'하지만 '실질적으로 가지고 있는 지식'이나 '잘 할 수 있는 수학적 능력'이다. 우선 그 점을 보여주는 것이 중요하다.

## ● 메가트렌드와 '지향'의 모색

환경문제는 인류가 맞닥뜨린 가장 큰 문제 중 하나이다. 인류의 건강이나 행복, 나아가 생존까지 걸린 문제이다.

미래학자들은 '제6차 지구 대멸종' 시나리오 중 하나로 환경재앙을 꼽는다. 고등학교 생명과학이나 지구과학 과목에서도 이를 다루고 있다.

5회에 걸친 대멸종은 주로 화산폭발, 소행성 충돌 등 물리적, 생물학적 환경 변화로 인한 서식환경 파괴가 원인이 되어 일어났다. 멸종 이후에는 생물학적인 대변화가 따라왔다.

공룡 멸종 후 6,600만년 만에 일어나고 있는 '6차 대멸종'은 이미 진행되고 있다고 하는 것이 과학계의 정설로 통한다.[1]

세계 184개국, 1만5천명의 과학자가 추천서명한 논문, '인류에 대한 세계 과학자들의 경고 : 2차 공지'에 따르면, '인류가 이용 가능한 담수의 양이 26% 줄었고, 인간 활동으로 인해 오염된 바다(죽음의 구역)가 75% 증가했다. 숲이 사라지고 탄소배출량은 여러 규제에도 불구하고 빠른 속도로 늘고 있으며 인구가 35% 증가하는 동안 포유류, 파충류, 조류, 양서류, 어류의 개체는 29% 감소했다. 기후는 높아지고 있으며 생물다양성이 감소하면서 6차 대멸종은 이미 진행되고 있다'는 것이 논문의 요지다. 그러면서 '실패의 길에서 경로를 되돌리기에는 너무 늦어진 시간이 곧 올 수 있다'고 경고하고 있다.

---

1 ) 언제가 되었든 발생할 것이라면 그 전 단계는 언제나 '진행 중'일 것이다.

대멸종의 징후는 곳곳에 너무 많다. 멕시코 국립대 세발로스 곤잘레스는 논문에서 '2001년부터 14년간 173개종이 멸종했으며 지난 100년 동안에는 400종 이상의 척추동물이 멸종했는데 이는 자연 상태에서 최소한 1만년이 걸려야 일어날 수 있는 일'임을 밝혔다.

종의 상호의존성은 생명체를 유지하는데 절대적으로 필요한 조건이다. 폴 에를리히 스탠퍼드대 교수는 '인류가 다른 생물종을 멸종시키는 것은 스스로 자신의 사지를 잘라내, 자신의 생명유지 시스템을 파괴하는 것'이라 경고한다.

자전거 체인처럼 긴밀하게 연결되어 있는 자연생태계 사슬고리의 어느 한 단계를 잘라내는 것과 같다는 말이다.

과학자들의 경고도 무서운 일이지만 우리는 이미 지구온난화로 인한 기후 변화를 체감하면서 살고 있다. 다른 나라에 비해 대체로 무난하다는 우리나라도 예외는 아니다.

'어떤 시점에서는, 지구를 포기하고 다른 행성에 이주해야 한다'고 믿는 일론머스크 같은 모험적 사업가도 등장했다.


나는 학생들에게 진로를 권하거나 상담을 하면서 이러한 점을 열심히 설명하는 편이다. 인류의 삶과 과학문명 발달에 기여하지 않는 과학 분야가 어디 있겠느냐마는 나는 직접적으로 환경과 생명 분야를 연구하는 학문의 필요성을 강조하는 편이다.

이른바 메가트렌드이기 때문이다.

자신의 진로나 학과를 정하는데 있어, 이러한 거대 추세를 이해하는 일

은 매우 중요하다. 몇 년, 혹은 몇 십 년 안에 없어질 직업이 많고, 우리의
생활, 직업 환경은 매우 달라질 것이기 때문이다.

스티브 잡스는 이런 말을 한다.

'미래에 무슨 일이 일어날지 정확히 맞히기는 불가능하다. 그러나 어디로 향하고 있는지는 느낄 수 있다.'

잡스, 일론머스크와 같은 뛰어난 인물들은 그런 것을 매우 구체적으로 인지할 수 있다. 해당 지식과 기술의 영역에 있기 때문이다.

그런 사람들을 잘 이해한다면 그런 '추세 정도'는 우리도 인식할 수 있다. 그리고 '어디로 향하는지 대략적으로 알 수 있다면 그 길로 들어서서 기술적 영역을 공부하며 인지 능력을 높여 나갈 수 있다.

그런 측면에서 최수빈이 택한 진로, 환경공학 분야는 미래 추세와 잘 부합하는 분야이다.

수빈이는 1학년 때 '화학연구원, 화학교사'를 희망하다가 2학년에 올라오면서 '환경, 에너지공학자'로 정한다. 평소 화학에 대한 흥미가 많고, 화학 과목 성적이 (상대적으로)좋았으며 화학의 가능성을 확신하고 있기 때문이다.

"환경공학을 공부하는 것이 좋을 것 같아요."

수빈이가 말했을 때, 미래를 보는 안목은 되었군, 하는 생각이 들었다. 이른바 '가성비'가 좋은 선택이라 생각했다.

일론머스크 정도는 아니더라도 자신에 대한 의지력도 강한 학생이었으므로 안목 있는 진로 선택과 아울러 '잘 할 수 있는 조건'은 되겠다, 싶었다.

많은 학생들이 화학이나 화학공학을 희망한다. 그만큼 가능성이 많은 분야이다.

페니 르 쿠터와 제이 버레슨의 공저, '역사를 바꾼 17가지 화학이야기'는 '화학'이라는 관점으로 역사를 해석한다.[2]

'나폴레옹 군대의 군복 단추가 주석(Sn) 재질이 아니었다면 러시아와의 전쟁에서 패하지 않았을 것이고, 그렇다면 세계 역사는 달라졌을 것이다'라는 다소 독특한 시각으로 역사와 화학을 결합하여 설명한다.

무엇이든 관점을 달리하면 이제까지 '상식이라고 믿던' 모든 사실을 그 관점을 기준으로 재해석 할 수 있다. '화학'을 기반으로 하여 이 책은 개연성 있게 이러한 사실을 보여준다.

이 책에서 말하듯, 세상의 모든 것은 화학으로 이루어져 있다. 세계와 우주는 화학 그 자체라고 해도 과언이 아니다.

화학공학은 그 범위가 매우 넓다. 제약, 석유화학, 소재, 에너지, 환경, 섬유 등 매우 많은 분야가 넓은 의미로 화학공학의 영역에 속한다. 비닐, 접착제, 세제, 플라스틱, 합성고무, 나이론, 아스팔트, 반도체, 그래핀, 아스피린, 페니실린 등 화학공학을 통한 제품은 우리 주변의 거의 모든 것들이라 해도 과언이 아니다.

화학은 앞으로도 무궁무진한 발전 가능성이 있다. 그러니 진로와 결부시켜 진지하게 살펴보는 것이 좋겠다.

---

2) 화학에 대한 이해와 중요성을 잘 표현한 권장할만한 책이다.

수빈은 1학년 때부터 화학, 화학공학에 흥미를 느껴왔으므로 진로를 차츰 세분화하는 것이 어려운 일은 아니었다. 현세 지구에서 가장 뜨거운 문제로 떠오른 환경문제에 관심을 가진 일은 자연스럽고도 자신에게 잘 어울리는 선택이라 할 수 있다.

자연스럽게 수빈이의 활동은 매우 좋은 다양성과 깊이를 갖게 된다.

1. 진로희망 (2학년-이하 같음)

---

진로희망 : 에너지, 환경공학자

'환경'을 자신의 관심 분야에 대한 주요 키워드로 삼고 환경동아리 활동 및 화학 주제탐구 'OO시 미세먼지 오염 현황 및 비교 분석' 등의 활동을 함. 여러 활동을 통해 주변에서 발생하는 환경오염의 심각성을 깨닫고 해결의 필요성을 느낌. 이후 환경오염 해결과 에너지 부족 문제에 대한 관심을 점차 넓힘. k무크 강의 '솔직한 원자력 이야기', '미래의 에너지-기후변화 대처를 위한 지속가능한 에너지' 등의 강의를 수강하며 에너지 사용과 환경문제의 포괄적 해결 방안을 탐구하고 관련 분야 전문인을 희망함.

---

## 2. 자율활동

이순신 난중캠프 : 이순신 장군이 명량대첩 당시 12척의 배로 적함 130여 척을 궤멸시킨 역사의 현장인 울돌목을 견학함. 정유재란 당시 이순신 장군의 전략 중 하나로 쓰인 빠른 물살이라는 울돌목의 지형적 특성이 현재는 조류발전소의 원동력이 된다는 사실을 깨달음. 이후 'Wonderful Science - 해양에너지 시대'와 같은 다큐프라임을 보며 해양에너지에 관한 심화 지식을 쌓음. 심화학습 과정에서 '바다 속의 조류발전시스템이 해양생태계에 부정적인 영향을 끼치지 않을까'라는 궁금증을 가지고, 이를 해결하기 위해 노력하는 모습을 보임. '조류발전시설 터빈 가동에 따른 동물 플라크톤의 피해 영향' 논문을 읽고 관련 자료를 탐구함. 그 결과 조류발전은 조수간만의 차를 이용하는 조력발전과는 달리 터빈으로만 작동되므로 선박의 운항과 어류의 이동이 자유로워 생태계에 영향이 거의 없는 환경 친화적 청정에너지 시스템이라는 결론을 이끌어냄. 이러한 조력발전소의 특징을 조력발전시스템과 비교하고 해양에너지 개발을 촉구하는 내용의 글을 씀.

고급수학 : 미분방정식의 개념을 이해하고 간단한 미분방정식의 풀이를 함. 박테리아, 곤충 등 생물의 개체수의 변화를 추정하는 과정이나 화석으로부터 생물이 활동한 연대를 추정하는 데 이용되는 방사성 탄소 연대 측정법 등과 같은 여러 현상을 설명하는데 미분방정식이 활용됨을 깨달음. 시간이 흐른 후 남아 있는 방사성 물질의 양을 미분방정식으로 표현하고, 그 양이 지

수적으로 감소한다고 가정했을 때의 함수인 지수감소모형을 직접 그래프로 간단히 나타냄. 이후 라듐의 반감기를 알아본 뒤 현재 존재하는 라듐의 질량을 임의로 정하여 일정한 시간 뒤에 남아 있는 라듐의 양을 수치로 구해보는 모습을 보임.

학급 내 스터디 그룹 (푸른수피아) : 평소 환경에 관심이 많은 학생으로 급우들과 함께 조를 이루어 '나만의 도시 설계 프로젝트'를 실시함. 도시 시설들 중 하나로 쓰레기 매립장을 선정하여 설치시에 발생할 환경 문제를 예상해본 뒤 해결 방안에 대한 토의를 함. 쓰레기 매립장 오염물질인 중금속과 환경 호르몬을 알아보고 그 중 다량의 다이옥신 유출에 대한 자료를 조사하여 초래될 수질오염과 토양오염의 피해를 정리함.
자연 배출되는 매립지 가스(LFG)를 수소를 포함한 합성가스로 변환하는 플라즈마 기술의 원리를 활용한 쓰레기 매립장 가스 변환 기술을 해결 방안으로 제시하고 이를 급우들에게 설명, 기대 효과를 조사하여 보고서를 작성함.

교내 활동을 근거로 하여 작성한 기록에는 자신의 입장에서, 전공에 대해 고민한 흔적이 매우 자연스럽게 기술되어 있다.
기록된 자율활동, 체험학습(난중캠프)에서는 '조류발전'에 대한 탐구와 해양에너지, 환경문제를 다루고 있고, 고급수학을 통해서는 라듐의 반감기를 중심으로 수학적 탐구내용을 기술한다. 동아리 활동에서는 쓰레기 매립으로 발생하는 중금속과 환경호르몬의 내용과 플라즈마 기술을 활용한 처리 방안에 대해 고민한 흔적이 보인다.

평소 학교생활 중에서 접할 수 있는 활동과 학습에서 자신의 분야에 대해 고민한 내용이어서 '자연스러운 진정성'을 보인다.

또한 어느 한 가지에 대해 고민하고 탐구하게 되면 관련 지식을 광범위하게 공부하는 태도가 보이고 이런 노력이 학업과 연계되면서 진정성은 물론, 우수한 '학업능력'을 동시에 획득하고 있다.(성적 자체는 낮아도 학업능력에 대한 이러한 구체적 기술은 매우 중요하다!)

이러한 탐구, 학습 활동은 동아리 활동과 진로 활동을 통해 확장되고 있다는 점도 확인 할 수 있다.


3. 동아리(일부)


AmoreInTerra(지구사랑) : 1학기 동아리 회장으로서 동아리 활동을 주도적으로 이끌어 감. '미세먼지 탐구보고서'를 작성하며 'PM2.5와 그 이온성분의 분포특성' 등 관련 논문을 공부하여 심화 지식을 쌓음.

질산염(NO3-), 암모늄 이온(NH4+), 황산염(SO42-) 등 이온 성분과 탄소 화합물(carbon compounds), 금속(elements) 화합물 등으로 이루어진 미세먼지 등이 있으며 디젤에서 배출되는 black carbon은 1급 발암물질로 특히 위험하다는 보고서를 작성함.

미세먼지 문제 해결을 위해 필요한 정책 및 연구 방향, 자연적인 방법과 기계 이용 해결방안을 제시하고 지하철 터널용 먼지 저감장치와 HEPA 필터에 대해 정리함.

　부원들과 함께 '과학기술로 환경 문제를 해결할 수 있다'를 논제로 환경 토론을 함. 살충제 DDP를 근거로 제시하며 기술이 인류에게 긍정적인 역할만 하는 것은 아니다라는 의견을 논리적으로 펼침. 이후 환경 문제를 해결하기 위해서는 인식의 변화가 우선되어야 한다는 결론을 냄.


## 4. 진로 활동

　인턴십 : 환경 관심있는 친구들과 함께 OO대학교 환경공학과 교수님과 면담함. 환경공학 분야 중 융합 BT를 근거로 하폐수 고도처리, 폐바이오매스 자원화 및 에너지화에 관련된 기술개발을 중점적으로 진행하는 연구실을 방문, 대학에서 진행 중인 프로젝트에 대한 교수님의 설명을 들음. 특히 미세조류를 이용한 하폐수고도처리 및 이산화탄소 고정기술과 바이오 연료화 기술개발에 대한 설명을 듣고 호기심을 가져 음폐수를 이용한 신재생에너지에 대해 조사함.

　'호기성 미생물을 이용한 음폐수의 처리 및 자원화에 대한 연구' 논문을 읽으며, 음식물류 폐기물의 소각처리시 많은 수분과 낮은 발열량으로 보조연료 추가를 필요로 하며, 이를 매립처리 했을 시에는 다량의 침출수 유출로 하수오염 등의 2차 환경오염을 일으킨다는 사실을 알게됨.

이에 따라 분뇨 처리수나 humic acid, 커피, 녹차 등을 조류의 영양배지로 하여 광합성을 시킬 때, 용액에 함유된 질소비료, 인비료, 유황비료 등을 이용하여 오염물질을 물속에서 제거할 수 있다는 사실을 확인하고 관련 실험 계획서를 작성함.

화학과제연구반 : 'OO시 미세먼지 오염 현황 및 비교 분석'에 대한 탐구를 진행하여 탐구보고서를 작성함. 국립환경과학원의 수치 자료를 바탕으로 오염배출원별 미세먼지 배출 기여율과 시도별 오염물질 배출량 그래프를 직접 나타내고 비교·분석함. 기체로 배출된 후 먼지가 되는, 극미세먼지보다 더 작은 응축성 미세먼지에 대해서 이해하고 LPG같은 천연가스가 친환경 연료로 알려져있지만 실은 연소시 미세먼지와 극미세먼지가 덜 나오는 반면 일산화탄소, 이산화탄소 등의 공해 가스와 응축성 미세먼지가 더 많이 나온다는 사실을 알게 됨.

최근 1년 간 OO시 세 개 지역의 미세먼지 관측자료를 그래프로 정리하고 기상정보와 대기예측모델 등을 활용하여 미세먼지 오염도를 평가함. 탐구 전에는 주변의 공장 유무와 인구 분포도 등의 요인만을 바탕으로 각 지역에서 나타날 미세먼지의 오염도를 예상하였으나 이와는 다르게 미세먼지가 날씨의 영향과 산이나 강과 같은 지리적 특성에 영향을 많이 받는다는 사실을 밝혀냄.

이 외에도 학술컨퍼런스에서 '고체산화연료 전지용 막 제조법'에 대한 탐구를 진행한 내용과 공학수학에서 '내가 바꾸고 싶은 미래' 포트폴리오 제작(관심 분야인 대체에너지 중 '해양 온도차 발전 시스템'의 개선을 탐구 주제로 정하고 포토폴리오를 제작함.) 등 눈에 띄는 활동이 다수 있는데 이러한 내용은 환경공학에 대한 수빈이의 천착을 잘 보여준다.

구체적 학업능력을 보여주는 기록(일부)은 다음과 같다.

5. 교과 특기사항 및 세부능력(수학-기하와 벡터)

> 평면곡선에서 포물선, 타원, 쌍곡선의 정의와 각각의 특징을 이해하고 이를 이용한 종이접기를 하면서 실제 이차곡선을 그려봄. 이후 평면곡선 단원에서 배운 개념들을 공식과 그림을 이용해 마인드맵에 나타냄.

6. 교과 특기사항 및 세부능력(화학)

> '포물선 운동과 벡터의 성분'을 주제로 발표함. 공을 임의의 각으로 던졌을 때의 수평방향과 연직방향의 운동을 분석하고 그 내용을 바탕으로 포물선 운동 경로의 식을 유도해냄. 물리 시간에 배운 포물선 운동과 이를 연관시켜 수평도달거리와 그 거리까지 걸리는 시간을 공식으로 나타내어 설명하는 모습을 보임.

조원들과 함께 직선과 평면의 위치관계에 대해 발표함. 정사면체에서 직선과 평면의 수직관계를 찾아 증명하는 역할을 맡음. 3가지 단계로 나누어 직선의 수직관계, 직선과 평면의 수직관계를 차례로 찾은 후 평면의 수직관계를 증명함.

　　평면 운동에서 속도를 구하는 문제에서 무조건적인 공식 대입방식으로 문제를 풀지 않고 속도의 개념과 속력과 속도의 관계만을 이용하여 간단하게 식을 만들어 냄. 자신의 풀이 방법에 대해 급우들에게 설명하면서 문제를 다양한 관점으로 보고자 하는 모습을 보임.

## ● 조용하지만 강한 신념

성실하게 공부하였음에도 성적은 괄목할 정도로 오르지 않았다. (그러니 낮은 등급이다.)

평상시 성적을 일부 유지하거나 어떤 과목은 부진을 나타내기도 하였다. 원서를 쓰면서 갈등이 일었다.

'네가 어떻게 그런 학교를 쓰니?'

주변의 의견은 한결 같았다. 수빈이는 동국대, 서울시립대, 숙명여대, 아주대 등을 지원 하고자 했는데, 어림없다는 것이 주변 모두의 의견이었다. 평소 수빈이의 학교생활이 매우 모범적이었기 때문에 학교에서는 수빈이에 대해 특히 많은 신경을 써주었는데, 염려 일색이었다.

그 조언의 내용이 워낙 단호한데다가, 잦아서 수빈이는 물론, 나 역시 '뭔가 잘못 보고 있는 것은 아닐까'하는 의구심이 들 정도였다. (정시를 마지노선으로 하기에는 수능성적도 부족하다.)

어려운 시간이 한동안 이어졌지만 수빈이는 결국 '도전'을 택했다. 특유의 '조용하지만 강한 뚝심'이 발휘되었다 생각할 수 있다.

그리고 숙대를 비롯한 2개 대학에(?) 합격했다. 자신이 많이 희망하던 대학들이라서 수빈이는 매우 만족해 한다.


대학의 입장에서 이 학생을 선택한 것은 무엇에 기인한 것일까. ('지방 자사고'라는 '타이틀'이었을까? 그렇다면 그 대학에 지원한 '자사고' 학생이 없거나 적었을까?)

224

일관성 있는 전공 탐구 자세와 쌓은 전공 지식, 구체성을 가진 학업능력, 그런 것을 놓고 볼 때, 무언가 이룰 것이라는 가능성을 본 것은 아니었을까……?

수빈이의 미래에 대해 나는 매우 낙관적이다.

어려운 일이 앞으로도 많겠지만 '대학 입시'라는 이 관문을 잘 통과한 것이 가지는 의미가 적지 않기 때문이다.

우선 자신이 원하는 일정한 위치에서, 출발선이 정해진 것이다. 수빈이 특유의 성실성과 꾸준함, 뚝심이 발휘된다면 누구보다 좋은 목적지에 도달할 것이다.

둘째 성공의 기억이다. 실제로도 어렵고, 심리적으로도 어려운 입시관문을 무사히 통과함으로써, 어떤 자신감이 형성되었을 것이다. 그것은 앞으로 만날 수 있는 여러 문제 앞에서 용기를 낼만한 배경이 될 것이다.

셋째는 수빈이가 하려는 분야에 대한 밝은 전망이다. 다른 분야에 비해 할 일도 많을 것이고 그에 따라 성취할 것도 많을 것이다. 자신이 선택한 분야에서 성공할 수 있는 준비는 된 셈이다.

일론머스크는 대학생활을 하면서도 남다른 성공의 가능성을 일찌감치 선보인 것으로 종종 묘사되는데, 이는 그가 확실히 성공한 지금의 상황에서 당시를 되돌아보는 것이므로 그렇게 보이는 '착시'가 일정부분 있다. 지금처럼 일론머스크가 '거대한 인간'이 될 것이라고 진지하게 생각한 사람은 아무도 없다.

바꾸어 말하면 그런 위대한 인물이 될, (지금은)평범한 학생들이 곳곳에 있을 수 있다는 말이다. 누군가 지금 하는 '뭔가의 노력'이 위대한 성공의 씨앗이 될 수 있다는 말이다. 모든 위대한 일은 아주 사소한 일에서부터 시작하기 때문이다.

**1. 고등학교 재학기간 중 학업에 기울인 노력과 학습경험에 대해 배우고 느낀 점을 중심으로 기술해 주시기 바랍니다. (1,000자 이내)**

저는 오일러 공식을 통해 '수학'이라는 아름다운 세상에 눈을 뜨게 되었습니다. 고급 수학에서 복소수의 극형식에 대해 배운 뒤 식을 직접 유도해보며, '박사가 사랑한 수식'을 읽었을 당시에는 깨닫지 못한 의미를 발견했습니다. 어떠한 연관도 규칙도 없는 e와 파이, 거기에 실체가 없는 i로 이뤄진 수에 1을 더하면 0, 즉 아무것도 없는 상태가 된다는 사실이 너무 충격적이었습니다. 사랑과 같이 눈에 보이지 않는 감정도 수학적으로 표현할 수 있다는 것을 깨달았습니다.

다양한 변수를 이용해 실제 현상을 수학적으로 나타내기 위한 여러 활동을 했습니다. 첫 시작은 미분방정식을 이용해 방사성 물질의 반감기를 구한 일이었습니다. 환경 뉴스를 읽다 '사용 후 핵연료는 300년만 있으면 손으로 만질 수준으로 방사능이 떨어진다'는 기사를 보았습니다. 그 짧은 시간만으로 고준위 핵폐기물 처리가 가능한지 의문을 가졌습니다. 1차 반응 속도가 반응 물질의 농도에 비례한다는 점을 이용해 세슘 137, 플루토늄 등의 반감기를 구했습니다. 고방사능, 저방사능 물질에 따라 큰 차이가 있으며, 핵폐기물 처리시설을 만들 때 이러한 점을 고려한다는 것을 깨달았습니다.

또한, 물리 시간에 배우는 새로운 원리나 현상을 수학적으로 이해하고자 했습니다. 일은 힘을 거리에 대하여 적분한 것임을 활용해 일의 양을 구하는 식을 증명했습니다. 또한, 키르히호프 법칙을 이용해 직렬 RL 회로에서 유도기전력으로 인한 현상을 미분방정식으로 정리하여 그래프를 해석했습니다.

혼자만의 힘으로 새로운 식을 도출하고자 노력했지만, 지금까지 배운 수학만으로는 역부족이었습니다. 결국 다른 사람들이 정리해놓은 미분방정식을 통해 이를 해결했습니다. 그 과정에서 배운 심화 내용은 이해가 힘들었고 복잡한 계산 속에서 고난을 겪기도 했습니다. 하지만 이는 수학의 가치를 알고, 세상을 이해하려 노력하게 된 첫 발걸음이었다고 생각합니다. 앞으로 더 많은 공부를 통해 발전하여 이 위대한 자연을 저만의 식으로 꼭 나타내고 싶습니다.(994)

**2. 고등학교 재학기간 중 본인이 의미를 두고 노력했던 교내활동을 배우고 느낀 점을 중심으로 3개 이내로 기술해주시기 바랍니다. 단, 교외활동 중 학교장의 허락을 받고 참여한 활동은 포함됩니다. (1,500자 이내)**

'태극 액티브 하우스'를 제작하며 태양전지의 효율성과 한계를 느꼈습니다. 제작 계획서를 작성하며 기존의 태양광 패널은 처리 과정에서 많은 환경적 피해를 가져온다는 점을 알고, 블루베리를 이용한 천연염료 감응형 태양전지를 제작했습니다. 하지만 이는 에너지 효율이 매우 낮았고, 광원의 세기에 따른 에너지양의 변동이 커 사용이 어려웠습니다.

이후 높은 효율과 큰 출력 밀도를 가진 연료 전지에 관심을 가지고 학술 컨퍼런스에 참가했습니다. 나피온을 이용해 고분자 전해질 연료 전지에 사용되는 분리막을 직접 제조했습니다. 하지만 이는 합성 연료를 사용하고 제조공정이 복잡하여 비용이 높다는 단점이 있었습니다. 또한, 분리막에 대한 국내 기술 부족으로 해외 의존율이 100%라는 것을 알았습니다. 올해 일어난 일본과의 무역 전쟁을 보며 이러한 기초개발 연구가 필요하다는 사실을 다시 한번 느낄 수 있었고, 국가 기술 자립화 100%을 위해 연구하는 사람이 되겠다고 생각했습니다.

　음폐수 정화 실험을 진행하며 환경 문제 해결을 위한 답은 자연 속에 있다는 것을 깨달았습니다. 급식실에서 '우리 학교 음식물 쓰레기의 양을 한 줄로 쌓으면 백두산 높이의 5배'라는 문구를 보고, '음식물 쓰레기, 어떻게 처리할까'를 주제로 탐구했습니다. 환경 연구소를 방문하여 배운 '미세조류를 이용한 바이오 연료화 기술'을 바탕으로, 생물학적 기술 방안 중심으로 조사했습니다. 여러 논문을 읽으며 조류와 규조류가 폐수에서 불용성 유기물질을 흡수하면서 질소와 탄산염으로 광합성을 한다는 것을 배웠습니다.

　'쉽게 구할 수 있는 수중 식물인 검정말도 음폐수를 정화할 수 있을까?'라는 궁금증으로 새로운 실험을 설계했습니다. 처음엔 난분해성 유기물이 많지만, 식물로 인해 물이 정화되고, 유기물이나 탄산가스가 사라진다는 사실을 발견했습니다. 기술적, 화학적으로 처리하기 힘든 물질을 단지 생태계의 정화 능력만으로 해결할 수 있다는 사실이 놀라웠습니다. 이를 통해 자연이 가진 완벽한 시스템으로부터 유용한 요소를 찾고 발전시키는 것이 기술의 목표가 되어야 한다고 느꼈습니다.

'OO시 미세먼지 오염 현황 및 비교 분석'에 대한 탐구를 통해 자연과 기술이 환경에 미치는 영향에 대해 알았습니다. 국립 환경 과학원의 데이터를 정리하고, 광양만 녹색연합의 자문을 받아 OO시 세 지역의 월별 미세먼지의 오염도를 분석했습니다. 예상과는 달리 읍내, 시내, 산업단지 순으로 높은 오염도를 보인 원인을 알아보고자 했습니다. 공장지대 규모와 차량의 숫자뿐만 아니라 기압골 차이도 대기오염 침체에 큰 영향을 미친다는 것을 발견했습니다. 인간의 기술만이 환경에 부정적 영향을 미칠 것이라는 생각이 잘못되었음을 알고, 도시에서 환경 정책이나 기술을 적용할 때는 지형적 특징이나 녹지 조성 상태 등 다양한 요소들을 고려해야 한다는 사실을 깨달았습니다. 수많은 변수를 가진 자연에 대한 더 깊은 연구와 기술의 발전을 통해 환경오염의 정확한 원인을 분석하고 이를 해결하기 위한 기술을 만들겠다고 다짐했습니다. (1500)

**3. 학교생활 중 배려, 나눔, 협력, 갈등관리, 리더십 발휘 등을 실천한 사례를 들고 그 과정을 통해 배우고 느낀 점을 기술해주시기 바랍니다. (1,000자 이내)**

　단짝 친구의 일탈이 지속되자 무작정 화만 내고 멀리했던 적이 있습니다. 부모님의 이혼으로 인한 상처 때문에 벌어진 일이었다는 사실을 뒤늦게 알게 되면서, 힘든 시간 동안 옆에 있어 주지 못한 것이 너무 미안했습니다. 이후 다른 이의 마음을 이해하고, 상처를 치유해줄 수 있는 사람이 되고 싶어 상담 동아리에 들어갔습니다.

여러 차례의 상담 교육을 받았음에도 불구하고 누군가의 고민을 들어주는 일은 여전히 어려웠습니다. 상담이란 무엇인지 직접 보면서 도움을 얻고자 집단 심리극에 참가하였습니다. 상담을 신청한 학생이 겪은 일들을 연극을 통해 재연하면서, 그 학생 스스로 문제점을 찾고 해결방안을 모색할 수 있게 도와주었습니다. 학생의 모습이 밝게 변해가는 것을 보며, 상담이란 정답을 주는 일이 아니라 내담자 스스로 긴 풀이 과정을 적어나가며 답을 찾을 수 있도록 도와주는 일이라는 것을 깨달았습니다.

　　이후 또래 상담 활동에 적극적으로 참여하며 주위 친구들을 돕고자 노력했습니다. 평소 조용하고 주변의 부탁을 잘 들어주는 친구가 있었습니다. 다른 아이들은 그 친구를 점점 만만하게 여기고 심한 장난을 치거나 놀렸습니다. 먼저 다가가 대화를 시도하며 그런 상황에서 어떤 반응을 보여야 할지 모르겠다는 친구의 고민을 들었습니다. 저는 평소 의사 표현이 확실했기 때문에 친구의 마음을 쉽게 이해하지 못했습니다. 싫다고 표현하는 법을 알려주었지만, 친구의 문제는 해결되지 못했습니다. 계산적이고 이기적인 사람이 되는 것과 자기 자신을 지키는 일은 전혀 다른 문제라는 점을 알려주고 싶었습니다. 책 '미움받을 용기'를 추천해주었고, 중요한 건 타인의 시선이 아니라 자신의 마음이라는 사실을 깨달은 친구는 용기를 가지고 자신의 의사를 표현하기 시작했습니다.

　　여러 차례의 상담 경험을 통해, 상담이란 '해결'이 아닌 '이해와 공감'이 목표라는 점을 확실히 느꼈습니다. 이성적이고 냉철한 판단만 중시했던 저는 점차 주변의 아픔을 이해하고 감싸줄 수 있는 넓은 사람으로 성장하고 있습니다.(1000)

story 8

# 그리고 일반고의 대학 합격자들

1. 건국대 미래에너지공학 / 2. 아주대 물리학과 / 3. 단국대 경영공학

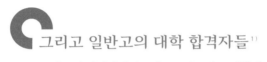

# 그리고 일반고의 대학 합격자들[1]

1. 건국대 미래에너지공학 / 2. 아주대 물리학과 / 3. 단국대 경영공학

> "우리 자신의 그릇은 우리가 알고 있는 것보다 훨씬 더 크다. 그저 시도하라(Just Try)!"

---

1 ) 지면 관계로 특별한 기술(記述) 없이 합격 자기소개서를 수록함.

# 1. 일반고 다소 좋은 내신

건국대학교 미래에너지공학 / 동국대학교 융합에너지

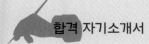 합격 자기소개서

**1. 고등학교 재학기간 중 학업에 기울인 노력과 학습경험에 대해 배우고 느낀 점을 중심으로 기술해 주시기 바랍니다. (1,000자 이내)**

학교 화학정규수업에서 수업 진행할 학생을 불특정희망자로 받았는데 저는 화학에 자신감이 있었고, 화학을 어려워하는 다른 학생들에게 나름대로 쉬운 화학공부를 제공하고자 자원하였습니다.

저는 원자수업의 내용이 너무 개념적이고 추상적이라고 느꼈습니다. 그래서 원자 반지름 수업에서 크기가 다른 원을 박스로 만들어 2주기와 3주기 원자의 전자껍질을 나타내 직접 보고 느낄 수 있도록 수업을 하였습니다. 유효핵전하를 자석에 빗대어 자석의 세기가 강할수록 끌어당기는 전기적 인력이 증가하여 원자반지름이 작아진다는 내용을 설명하였는데 학생들이 알기 쉽고 이해가 빠르다는 반응을 보여 이후 매학기 1시간의 수업을 제가 운영하게 되었습니다.

산 염기 강의에서는, 산성물질을 단지 교과서 내용으로만 이해하는 몇몇 친구들에게 우리 몸 안에서 음식을 소화할 때 분비되는 염산, 물과 강하게 결합하여 건조제로 쓰이는 황산, 음료에서 볼 수 있는 탄산과 식초의 주성분인 아세트산을 예로 들어 산이 일상생활과 밀접한 물질임을 설명하였습니다.

에너지 준위가 낮은 오비탈부터 순서대로 채워지는 전자 배치의 쌓음 원리를 설명하고 우라늄과 원자력발전 내용으로 우라늄 235에 중성자를 넣으면 크립톤(원자번호36번)과 바륨(원자번호56번)으로 분열되고 그 과정에서 2~3개의 중성자와 에너지가 발생하게 되는데 이때의 열에너지로 터빈을 돌려 전기를 생성하는 방식임을 설명하였습니다.

또한 원자력에너지는 에너지 중 가장 강력하다는 사실을 중력, 전자기력, 약력, 강력으로 나누어 설명하고 에너지효율을 비교, 설명하였습니다. 원전 사고로 인해 원자력에너지를 부정적인 시각으로 보는 경향에 대해 에너지 수입 의존도가 높은 우리나라에서 지금처럼 충분한 에너지공급이 가능한 배경이 원자력이었음을 설명하고 개발 중인 핵융합 발전원리를 설명하였습니다.

수업준비를 하면서 저는 서로 관련 있는 내용을 광범위하게 공부하였으며 내용을 충분히 이해해야 설명이 가능하다는 사실을 깨닫고 원리와 개념, 융합지식공부를 더 철저히 하게 되었습니다.(999)

**2. 고등학교 재학기간 중 본인이 의미를 두고 노력했던 교내활동을 배우고 느낀 점을 중심으로 3개 이내로 기술해주시기 바랍니다. 단, 교외활동 중 학교장의 허락을 받고 참여한 활동은 포함됩니다. (1,500자 이내)**

2학년 때 '카이스트 창의적 글로벌리더 캠프'에 참가하였습니다. 과학기술 분야에 관심을 가지고 있는 저에겐 매우 귀한 기회가 되었으며 과학연구와 실험, 지식의 가치를 배울 수 있었습니다.

원자력 및 양자공학에 관한 OOO교수님 강연을 통해 양자기술은 원자, 분자, 전자, 핵자, 광자에 의해 일어나는 양자현상을 의료영상, 나노기술 등에 이용하는 것임을 알게 되었으며 원자력 기술의 스펙트럼과 미래 동향을 공부하였습니다. 원자력 기술은 발전뿐만 아니라 방사선 측정법을 통한 위치 확인, 반도체 성능 향상, 방사선 동위 원소를 이용한 생물탐구, 우주 전지 등 다양한 스펙트럼을 가지며 우라늄235를 원료로 하는 기존의 발전방식이 수소융합을 이용한 핵융합발전방식, 즉 태양에서 일어나는 반응을 이용하는 방식으로 연구되고 있다는 것을 알았습니다. 수소융합 발전은 고갈 걱정 없이 원료를 쉽게 구하고 바닷물 1리터의 중수소를 석유 300리터에 견주는, 고효율 발전 방식임을 알았습니다.

원소들을 충분한 고온의 플라스마 상태로 만들어야하므로 사고시 연료공급만 차단하면 폭발과 방사능 문제도 없는 안전하고 깨끗한 미래 에너지임을 알았습니다.

'알기 쉬운 원자력에너지 이야기'를 다시 듣고, 문제된 후쿠시마 원자로는 2세대 원자력발전소로 외부 전원이 없으면 붕괴열 때문에 붕괴되는데 3세대 원자력 발전소는 피동 냉각 계통이 많이 들어와서 원자로가 정지되더라도 붕괴열을 자연적인 현상만으로 냉각하는 기능들이 추가 되었고, 개발 중인 4세대의 주목표는 우라늄238을 고속로를 통해 연료화 하여 사용하는 것임을 알고 안전과 고효율을 향한 기술 발전 노력을 인식하였습니다.

2학년 때 동아리 RED에서 화학분야 '암모니아 대량합성에 따른 인구수의 비례성 연구'를 하였습니다. 화학의 발전이 인류에 삶에 기여했음을 과학적으로 증명하는 것이었습니다.

자료를 통해 전세계 인구수가 암모니아 비료가 만들어진 20세기초에 급격하게 증가한 사실과, 질소비료를 쓰지 않는 집단에 비해 인구성장이 더욱 가팔랐다는 것을 통계로 확인하고 암모니아 비료를 통한 농업의 발전이 인구증가의 원인 중 하나였음을 유추할 수 있었습니다.

당시 암모니아 합성법을 알아보았습니다. 공기의 78%인 질소는 삼중결합으로 이루어져 암모니아로 만들기에 쉽지 않아 결합 에너지에 해당하는 942kJ/mol보다 더 많은 활성화에너지가 필요합니다. 고온 상태에서 압력을 증가시키면 외력을 감소시키기 위해 내부의 압력을 감소시키는 방향으로 평형이 이동하게 되는데, 질소 1몰과 산소 3몰이 반응하여 2몰의 암모니아가 만들어지는 과정에서 이러한 르 샤틀리에의 원리를 이용하여 암모니아 합성을 했음을 알았습니다. 하지만 일정시간이 지나면 평형상태에 도달, 암모니아 생성이 멈추게 되므로 하버와 보슈는 평형의 위치를 가능한 한 오른쪽으로 옮기기 위해 철을 촉매로 55도, 200기압의 환경을 조성, 효율적인 암모니아 합성법을 만들었습니다.

연구과정에 쏟는 과학자들의 노력과 과학으로 이룰 수 있는 가치에 대해 잘 이해한 활동이었습니다.(1491)

## 2. 일반고 중간정도의 내신

아주대학교 물리학과 / 인하대학교 물리학과

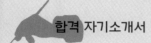 **자기소개서** ───────────────────────

**1. 고등학교 재학기간 중 학업에 기울인 노력과 학습경험에 대해 배우고 느낀 점을 중심으로 기술해 주시기 바랍니다. (1,000자 이내)**

물리수업에서 뉴튼의 고전역학과 아인슈타인의 상대성이론이 사람들의 우주관을 바꾸고 과학 발전에 결정적 기여를 하였다 배웠습니다.

천체물리학을 공부하고 싶은 저는 고전역학과 상대성이론에 깊은 관심을 가지고 공부하며, 동시성이란 절대적 개념이 아니라 관찰자의 운동 상태에 의존한다는 것을 알고 이는 발상의 전환에 따른 창의적 사고의 산물이라고 생각했습니다.

상대성이론이 실제로 어떻게 작동하는지 GPS와 내비게이션을 중심으로 계산해 본 적이 있습니다.

GPS위성은 시간과 위성의 위치 정보를 전파로 송신하는데 거리는 시간과 광속의 곱이므로 아주 작은 시간의 오차로도 매우 큰 거리 차이가 나게됩니다. 전파의 도달 시간을 0.05초라 가정하면 위성과 수신기는 15,000km이며 0.00001의 작은 오차로 거리는 3km나 달라져 네비게이션으로써의 기능이 없어집니다. 이를 통해 상대성이론이 우리곁에 있다는 사실을 실감하였습니다.

위성항법장치는 삼각함수를 이용한 삼각측량법으로 위치를 알아내는데 저는 GPS에서 사용하는 계산법을 수학시간에 발표하였습니다.

x, y, z축 좌표 공간을 그리고, 위성을 의미하는 세 개의 구를 그려 세 구면이 겹치는 한 점이 위치가 된다는 것을 보여준 후 측량지역을 삼각형 모양으로 만들어 삼각측량을 계산했습니다.

삼각형의 꼭짓점에서 내각과 한 변의 길이를 측정하고 나머지 변의 길이는 삼각함수로 계산하여 점의 위치를 특정하였습니다. 사인법칙을 활용하여 외접원을 통해 증명하는 방식으로, 삼각형 abc에서 a를 지나는 지름을 ad라 하고 c가 예각일때 c=2RsinD, 각c는 각 d와 같으므로 성립하고, c가 직각일 때는 2R이 C므로 sinC는 1이고, C가 둔각일 때는 각 C와 D가 내접사각형의 마주보는 두 각이므로 C=180-D로 성립한다 설명하여 큰 박수를 받았습니다.

이 과정에서 저는 큰 뿌듯함을 느꼈습니다. 러더퍼드와 아인슈타인 등 유명한 물리학자들이 그렇게 하였듯이 수학공부의 중요성과 필요성을 더 느끼게 되었습니다.(995)

**2. 고등학교 재학기간 중 본인이 의미를 두고 노력했던 교내활동을 배우고 느낀 점을 중심으로 3개 이내로 기술해주시기 바랍니다. 단, 교외활동 중 학교장의 허락을 받고 참여한 활동은 포함됩니다. (1,500자 이내)**

우주에 관심이 많은 저는 우주에서의 인간의 삶이 가능할까 하는 고민을 하고 이 고민에 대응하는 3가지 내용을 탐구하였습니다.

첫 번째는 우주에서 생명체가 살 수 있는 조건입니다. 그 개념으로 저는 '골디락스 존'에 대해 공부하였습니다. 아주 춥지도 덥지도 않아서 물이 존재하고, 생명체가 존재할 수 있는 행성으로 태양계의 경우 0.95에서 1.15 천문단위 범위입니다. 리처드 도킨스의 '만들어진 신'을 통해 생명체가 존재하려면 화학작용이 존재해야 하고 그러기 위해서 강력의 값은 0.007에 근접해야 함을 알았습니다. '너무 작아서 0.006이 되면 우주에는 수소밖에 없기 때문에 화학작용이 불가능하고 0.008처럼 너무 크면 수소가 융합되어 더 무거운 원소가 되기 때문에 역시 수소가 없게 되고 이는 생명을 발생시킬 수 없는 조건'이 된다는 점을 알았습니다. 20광년 떨어진 글로제581g 행성이 골디락스에 해당한다는 사실도 알았습니다.

두 번째는 우주(화성)에서 식물재배가 가능할까입니다.

저는 교내 식물공학부에 가입하여 교내 텃밭을 일구고 작물을 기르는 일을 하였습니다. 매일 아침마다 일찍 등교하여 물을 주고 작물을 기르는 일은 번거로웠지만 씨앗에서 싹이 돋고 성장하는 과정이 신기하였습니다.

우주 작물 재배 가능성을 살펴보는 탐구의 하나로 실제 화성에서 작물을 키우기 위한 실험 과정인 'How-to Make Mars Dirt' 동영상을 보며 화성에서 식물재배의 가능성을 공부하였습니다.

중력이 없는 우주에서는 세포를 지탱할 필요가 없어 식물의 세포벽이 점점 얇아지고, 하나의 세포가 2개의 딸세포로 나뉘는 체세포 분열을 할 때 염색체를 분리하는 방추사가 제대로 작동하지 못해 정상적인 세포분열이 어렵습니다.

이에 대한 대안으로 저는 환경스트레스 저항성 유전자를 다량으로 갖고 있어 환경재해에 강한 할로파이트 식물체를 조사하고 이러한 저항성 유전자를 GMO 기술을 통해 우주환경에 맞는 새로운 종을 개발한다면 우주환경에서도 작물이 자랄 수 있을 것이라 판단하였습니다.

마지막으로 인공중력입니다. 인간의 신체를 정상적으로 유지하기 위한 필수적인 장치로 중력이 필요함을 깨닫고 이를 발생시키는 원리를 공부하여 계산식을 산출하는 활동을 하였습니다. 우주를 더 이해하고 우주연구에 한 발 더 가까이 다가간 활동이었습니다.

그 외 동아리에서 '안전한 선박 제작 실험' 과학소논문 대회에 참가하여 유체역학과 부력을 근간으로 한 연구결과를 발표하였습니다.

세월호 사고를 사례로 하여 선박이 기울 때, 복원력을 화물 무게에 따라 계산하면 화물 이동으로 선체 무게중심이 0.2m 이동하면 25~5도에서 복원력이 살아있고 0.4m이동하면 사실상 상실됨을 알 수 있습니다.

파랑 충격은 선회, 경사모멘트를 증가시키고 선박 중앙부 파랑의 파정과 파저에 따라 복원력이 크게 감소했다가 증가하는데 이 같은 반복은 횡요를 빠르게 해 선박의 전복된다는 점을 알았습니다.

그 외 침몰실험과 최대 경사각 실험, 선폭 실험과 빌지킬 실험을 통해 선박 구조의 물리적 특성을 이해하고 물리학의 중요성을 느꼈습니다.(1497)

## 3. 일반고 많이 낮은 정도의 내신

단국대학교 경영공학 / 상명대 경영공학 / 경상대 정보통계

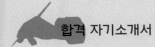 합격 자기소개서

**1. 고등학교 재학기간 중 학업에 기울인 노력과 학습경험에 대해 배우고 느낀 점을 중심으로 기술해 주시기 바랍니다. (1,000자 이내)**

2학년 때의 수학동아리 활동은 교과 수업에서 배운 내용을 기초로 하여 실생활에서의 활용을 공부하는 내용이었습니다. 동아리 부원들은 여러 단원에서 배운 내용을 각자 공부하여 심화한 후 동아리에서 발표하였습니다. 저는 주로 미적분의 활용 부분과 확률과 통계에 대해 설명하는 활동을 하였습니다.

미적분의 경우에는 의료기기에서의 MRI, CT 촬영의 원리, 방사성 동위원소의 반감기 추정, 3D 프린터의 출력원리, 속도가 있는 물체의 속도 측정 등에 어떻게 미적분 원리가 활용되었는지 설명하였는데 그 중 CT 촬영은 1장을 찍는 Xray 촬영과 다르게 여러 장의 단면 사진을 촬영한 후 이 사진을 사이노 그래프라는 그래프로 전환한 후 이 사이노그램을 적분하여 원래의 영상으로 볼 수 있도록 해주는 과정을 설명하여 부원들의 이해를 도왔습니다.

제가 특히 관심이 있는 확률과 통계에서는 미국 방송에서 방영되었던 '몬

티홀 문제'의 실제 확률을 계산하는 과정으로 선택을 바꾸었을 경우가 바꾸지 않았을 경우보다 왜 확률이 두 배가 높아지는지 설명하였습니다. 이는 조건부 확률로 설명이 가능합니다.

세 개의 문 안에 자동차가 들어있는 문이 하나 있을 때, 어느 하나를 선택한 후, 자동차가 없는 다른 문을 열어 자동차가 없음을 확인하고 처음의 선택을 바꿀 것인지 묻는 것입니다. 문을 열지 않은 문이 두 개이고 두 문 어느 한쪽에 자동차가 있을 것이기 때문에 확률은 절반이라고 생각하지만 실제는 그렇지 않습니다. 처음의 선택을 취소하고 열지 않은 다른 문을 선택하면 그 문 안에 자동차가 있을 확률은 바꾸지 않았을 때의 2가 되는데, 이를 저는 수학 공식을 써서 증명을 하였습니다. 문제의 핵심은 처음 선택한 후 어느 하나의 문을 열어 자동차가 없음을 확인한 것이었습니다. 처음에 선택한 어느 한 문에 자동차가 있을 확률은 1/3에 불과하기 때문에 선택을 바꾸지 않으면 그대로 1/3이며 바꾸면 2/3가 되는 것입니다. 흥미 중심으로 한 일이었지만 수학을 이해하고 수학의 중요성을 깨달을 수 있었습니다.(994)

**2. 고등학교 재학기간 중 본인이 의미를 두고 노력했던 교내활동을 배우고 느낀 점을 중심으로 3개 이내로 기술해주시기 바랍니다. 단, 교외활동 중 학교장의 허락을 받고 참여한 활동은 포함됩니다. (1,500자 이내)**

수학 미적분시간에 독후활동이 있었습니다. 선생님께서는 '수학 암살'이라는 도서를 지정해 주시고 독후감을 작성, 발표하라 하셨습니다.

이 책은 우리가 살아가면서 빠지게 되는 수학적 오류를 사례별로 소개하는 내용입니다. 이 책을 읽으면서 저는 통계를 이해하는 방법을 새롭게 알게 되었습니다.

'실업률이 낮아졌다고 홍보하고 싶다면, 실업률이 더 높았던 때를 찾아 비교하면 된다. 과거의 데이터가 있고 원하는 정보를 잘 고르기만 하면 쉽게 현재를 비판하거나 칭찬할 수 있다'는 내용과 '전 세계에서 특정 질병으로 사망하는 인구가 한 해에 1만 명이라고 할 때 하루에 해당 질병으로 사망하는 인구는 27명이다. 이는 다시 말해 거의 한 시간마다 한 명이 죽는다는 뜻이다'라는 내용을 통해 저는 일종의 '통계의 거짓말'을 이해할 수 있었습니다. 어떻게 말하느냐, 어떤 내용을 거론하느냐 하는 방식으로 통계란 얼마든 생각한 대로 사용할 수 있다는 것을 알게 해주었고 통계에 활용하거나 참고할 경우 안에 숨겨진 내용을 잘 살펴야 함을 깨닫게 했습니다. 이후 저는 빅데이터를 공부하였는데 이러한 위험이 한결 줄어든다고 할 수 있고 데이터마이닝 등을 통해 실생활과 경제활동에 직접 활용할 수 있음을 알게 되었습니다.

매년 학교에서 수학체험전을 운영하였습니다. 1학년 때부터 저는 큰 흥미를 가지고 이 체험에 참가하였습니다.

일학년 때 VR을 체험한 일이 있었는데 너무 흥미로운 일이어서 이후 매년 체험에 참가하기도 하여 이를 체험하고 이 원리가 무엇인지 공부하였습니다.

가상현실은 가상의 사이버공간을 현실처럼 인식하도록 만드는 기술입니다. 이는 사용자의 동작을 3차원 방식으로 추적하여 그 정보를 가상세계에서 구현되도록 하는데 이를 표현하기 위해서는 x축, y축, z축의 실시간 위치값과 회전각 정보를 포함한 6자유도가 필요하다는 것을 알았습니다. 사람은 일반적으로 42정도 자유도를 갖는데 이러한 움직임을 정교하게 포착하는 것과 가상현실 입력장치가 필요함을 알았습니다. 상세한 내용을 파악하기는 어려웠지만 3차원 가상현실을 구현하는데 있어 3차원 방식의 물리적 지식과 수학적 원리가 쓰인다는 점을 알았으며 이를 구성하는 수학원리를 더 공부해보고 싶다는 생각을 하였습니다.

저는 영어공부에 관심이 많았습니다. 특히 생활영어 부분에서는 나름대로 매우 우수한 학습 역량을 보이기도 하였습니다. '아무리 강한자도 약한자의 도움이 필요할 때가 있다'는 주제의 영어 연극을 통해서 저는 직접 이솝우화를 각색하여 연극대본을 작성하였고, 약 3개월 동안의 연습을 거쳐 공연했으며 우수한 내용과 영어 연기로 매우 좋은 평가를 받았습니다.

TED 가지고 놀기 프로그램을 통해서는 '허드슨 강의 기적'을 주제로 한 영어 강연을 듣고 딕테이션을 통해 좋은 어휘력과 듣기능력을 발휘하였습니다. 3학년 때 학급 영어부장으로서 학급내의 영어 학습을 준비하고 프리젠테이션 등 수업과정에서 많은 아이디어를 제시하고 보조 수업을 운영하면

서 영어에 대한 자신감을 높였습니다. 무엇이든 적극적인 태도가 중요함을

알았습니다.(1490)

## 반전을 기대하며

이 책에서 나는 유수한 대학에 합격한 학생들의 '학종' 성공사례를 정리하여 수록했다. 지면 부족으로 뒷부분을 일부만 기술하게 되어 아쉬운 점이 남았다.

이들은 여러 가지 장점을 가지고 있는데, 앞서 말한 '창의적 생각', '끈기와 뚝심', '구체적 학습 내용', '도전정신', '자신에 대한 신념' 등이다. 책을 읽는 동안 그런 것들을 찾아서 자신의 강점으로 발전시킬 수 있으면 좋겠다는 생각이다.

고등학교에서 강의(또는 입시설명회) 할 기회가 자주 있다.

학교에는 여러 등급을 가진 학생들이 분포되어 있는데 내가 하는 이야기는 모든 등급의 학생들이 들어볼만한 이야기이다. 성적이 좋거나 안 좋거나 모두에게 중요한 이야기이기 때문이다.

이야기의 주요한 내용은 '입시 환경이 어떻다'는 것이나, '성적이 어떤데 어떤 대학을 지원하면 된다'는 내용이 아니다. 물론 언급하기는 한다. 그러나 그것이 중요한 내용은 아니다.

간단한 수학문제를 놓고 이야기 하는 경우가 더 많다.

문제1 :
선녀 같이 아름다운 눈동자의 아가씨여!

참새 몇 마리가 들판에서 놀고 있는데 두 마리가 더 날아 왔습니다.
그리고 저 푸른 숲에서, 그것이 다섯 배가 되는 귀여운 참새떼가
또 날아와서 함께 놀았어요.
저녁 노을이 질 무렵, 열 마리의 참새는 숲으로 돌아가고
남은 참새 스무 마리는 밀밭에 숨었대요.

처음 참새는 몇 마리였는지 내게 말해주세요.

문제 2:
샛별같이 빛나는 아름다운 아가씨, 내게 당신의 향기와도 같은 지혜를
보여주오.

꽃밭에는 벌떼가 날고 벌떼의 5분의1은 백합꽃에,
3분의1은 후리지아 꽃에, 두 벌떼 차이의 3배의 벌들은 장미꽃으로 날
아가네.
나머지 한 마리 벌은 실비아 향기와 자스민 향기에 빠져 허공을 맴돌고

있네.

꽃밭에 벌들이 몇 마리였는지 내게 말해주오.'

'리라버티 문제'인데, 이 문제의 답을 물어보거나, '제논의 역설'이 주는 수학적 원리에 대한 이야기를 하기도 한다.

이 두 가지 문제를 푸는 것은 어렵지 않다. 그러나 그 문제를 풀면서 수학의 본질이 무엇이구나, 하고 깨닫는 것은 쉽지 않다. 이 차이를 잘 헤아려 본다면 자신이 어떤 생각으로 공부를 해왔는지 알 수 있을 것이다.

본문에서도 언급했지만 아르키메데스는 이렇게 말했다.(그가 낸 '소 떼 문제'는 아주 오랫동안 인류가 풀어내지 못한 문제였다.)

"수학을 공부하지 않은 대부분의 사람들에게는 믿기지 않게 보이는 일들이 있다."

나는 이 말을 학생들에게 자주하고 또 때로 학부모님들께 한다. 글자 그대로 이해하면 된다. 수학은 세상의 이치를 설명하므로 수학을 모르면 이해하지 못할 것이 많다는 것이다.

나는 거기에 덧붙여서,

"수학을 잘하는 학생들에게서도 믿기지 않는 일들이 가끔 벌어진다"는 말을 한다.

수학을 공부하는 방식이 틀렸기 때문에 수학을 통해 세상의 이치를 깨닫는 것이 어렵다는 말이다.(그저 공식을 잘 외우고, 문제를 잘 푸는 것일 뿐이다.)

'학종'은 그것을 본다. 수학을 포함하여 학문을 제대로 했는지, 아닌지…….

이러한 내용이 '학종' 결과에서도 믿기지 않는 일들을 만들어낸다.

이제까지 내가 만난 학생들은 최우수 등급의 학생들도 있지만, 3~7등급대의 학생들이 적지 않다. 그 학생들의 거의 대부분은 그 성적으로는 도저히 가기 어려운 서울권 대학에 무난히 진학했다.

이 책이 일차로는 '학종'을 준비하는 학생들에게, 나아가서는 학교에서 공부하는 학생들에게 '무엇을 배우고 무엇을 얻어야 하는구나'를 알게 한다면 더없이 반가운 일이 될 것이다.

입시를 준비하면서 길이 보이지 않을 때, 지금 무엇을 해야 할지 잘 판단이 서지 않을 때, 이 책이 작은 이정표의 역할을 해주면 좋겠다는 바람이다.

아르키메데스를 단칼에 죽인, 무지한 병사가 되지 말기를 바라는 마음이다.

입시를 준비하는 모든 학생들에게 격려를 보낸다.

-2020년 저자 김재호
kimjh21@hanmail.net

"이 책을 읽은 모든 수험생 여러분의 합격을 진심으로 기원합니다."


저자 김재호


kimjh21@hanmail.net